知識ゼロでも
今すぐ使える！

行動
経済学
見るだけ
ノート

真壁昭夫
Akio Makabe

宝島社

知識ゼロでも今すぐ使える！

行動経済学見るだけノート

真壁昭夫　Akio Makabe

宝島社

はじめに

 # 私たちの"心の働き"が
経済を動かしている

　かなり以前から、普通の読者にもわかりやすい行動経済学の本を書きたいと思っていました。本書でその願いがかないました。イラストの専門家の方にも協力をいただいて、見ることを中心にして行動経済学の概要を理解していただける本ができたからです。

　行動経済学というのは聞いたことがあるのだが、どういう学問なのかよくわからない。あるいは、入門書を読み始めたが、途中でわからなくなってやめてしまったという人は多いのではないかと思います。本書は、目で見ることを基礎にして、現在、注目を集めている行動経済学の主な内容をわかっていただくことを目的としています。

　行動経済学は、私たちの"心の働き"に注目し、金融や経済などの動きを理解しようとする経済学の一分野です。これまでの経済学は、人間は常に合理的で、経済も金融も合理的な人間によってでき上がっているという考え方に基づいていました。

　しかし、実際の人間はときにバカなこともします。ということは必ずしも合

理的とは言えません。そういう"生身の人間"が作っている経済や金融は、どうしても人間の"心"に酔って理屈から離れて動くこともあります。つまり、行動経済学は、それまでの伝統的な経済学をより実際の経済や金融の姿に近づけることを目指した学問と言えます。それだけに、行動経済学は私たちの日常生活の中でも役に立つことがたくさんあります。

　私自身、はじめて行動経済学に出会ったとき、「これだ！」と感じたことを昨日のことのように覚えています。それまで、私は伝統的な経済学や金融工学を学びました。そうした知識を基にして、金融市場でのディーリング（債券や為替の売買）などの業務に従事してきました。

　ただ、日々の金融市場で業務を行っていると、伝統的な経済学の理論では説明ができにくい場面にも遭遇しました。それにつれて、実際の金融市場の変化を、より深く理解できる理論はないものかと思うようになりました。そうした状況下、行動経済学に出会ったことは、大きな喜びである以上に、とても幸せなことでした。

　本書を通して、みなさんにも「ああ、そういうことか」と思わず手をたたきたくなるような喜びを、ぜひ実感していただきたいと思います。本書が、多くの方が行動経済学に関心を持つきっかけとなることを祈っています。

真壁昭夫

知識ゼロでも今すぐ使える！

行動経済学 見るだけノート

Contents

はじめに ……………………… 2

Chapter 1
行動経済学ってなに？

01 一体、行動経済学って
どういう学問？
行動経済学 ……………… 10

02 " 行動 " って
なにを意味するの？
心理学の応用 …………… 12

03 なぜ、行動経済学が
注目されているの？
行動経済学の説明力 … 14

04 " 伝統的な経済学 "
との違いとは？
生身の人間 ……………… 16

05 行動経済学の理論を
構築した学者たち
行動経済学の歴史 …… 18

06 ノーベル経済学賞の
対象にもなった
ノーベル経済学賞 ……… 20

07 経済学者は行動経済学も
研究しているの？
行動経済学の現在 …… 22

08 行動経済学は
どう役に立つの？
行動経済学の応用性① …… 24

09 どんな仕事に
行動経済学は役立つの？
行動経済学の応用性② …… 26

10 じゃあ、伝統的な経済学は
役に立たないの？
組み合わせが大事 …… 28

Column 01
行動経済学を勉強するには
どうしたらよいの？ ……………… 30

Chapter 2
経済学者の深い反省

01 私たちは常に
" 合理的 " とは限らない
ホモ・エコノミカス …………… 32

02 私たちの " ありのまま "
を解き明かす
現実への接近 …………… 34

03 人間は常に " あるべき "
行動をとるとは限らない
人間の不合理性① ……… 36

04 考えに違いがあるから、
行動が違う
人間の不合理性② ……… 38

05 経済学の考え方に
疑問を持ち始めた研究者
経済学者の反省 ………… 40

06 人々が持っている
情報には偏りがある
情報の非対称性 …………… 42

07 景気を左右する
私たちの心理
景気は気から …………… 44

08 イグノーベル賞を受賞した
行動経済学者の研究
病は気から …………… 46

09 欲求のさまざまな段階
とまらない欲求 …………… 48

10 行動ファイナンスって
どういう分野?
行動ファイナンス …………… 50

Column 02
経済学でも実験をするって本当? …… 52

Chapter 3
行動経済学の
"いろは"

01 意思決定を支える "直感"
ヒューリスティック …………… 54

02 物事はシンプルに
考えることが重要
単純化 …………… 56

03 意思決定を左右する
情報の利用可能性
情報の利用可能性① ……… 58

04 今あるものに
大きな価値を見出す心理
現状維持バイアス …………… 60

05 「見た目が9割」は本当か?
初頭効果① …………… 62

06 テストの点が悪かったとき
お父さんにどう報告する?
初頭効果② …………… 64

07 最新の情報が
意思決定を左右する
親近効果 …………… 66

08 なぜ人は "ブーム" に
乗ってしまうのか?
ハーディング現象① ……… 68

09 「ピザって10回言って」
の仕掛けとは?
アンカーリング …………… 70

10 失敗は他人のせい、
成功は自分の手柄
コントロールへの欲求 ……… 72

11 ルーレットで黒が3回続いた、
次は絶対に赤だ!
ギャンブラーの誤謬 ………… 74

Column 03
失敗は成功のもと、の真偽 ……… 76

Chapter 4
バブルは
なぜ起こる?

01 バブルって、なに?
バブル① …………… 78

02 バブルは
個人には関係ない?
バブル② …………… 80

03 バブルはいつも、
どこかで起きている
バブル③ ································ 82

04 行動ファイナンスで
考えるバブル
アノマリー ··························· 84

05 損失を避ける心の働き
プロスペクト理論 ················ 86

06 儲けの喜びと、
損の悲しみは非対称
価値関数 ····························· 88

07 FX取引をやっていますが
全然儲かりません
リスク回避 ·························· 90

08 失敗すると、いつも
言い訳を探してしまう
心は「言い訳」上手 ··········· 92

09 人はなぜ、宝くじを
買ってしまうのか?
決定の重みづけ ··················· 94

10 "億り人"——
ビットコインブーム考
仮想通貨 ····························· 96

Column 04
投資の必勝法はありますか? ········· 98

Chapter 5
生活に役立つ
行動経済学

01 内容より、見せ方が
大事って本当?
初頭効果(応用編①) ······· 100

02 個人の投資家が
企業の業績を判断する例
初頭効果(応用編②) ······· 102

03 プレゼンでは
伝えたいことを一つに絞る
単純化(応用編①) ········· 104

04 最後は直感、
これって正しい?
単純化(応用編②) ········· 106

05 大穴を狙う心理
穴馬バイアス ····················· 108

06 なぜギャンブルは
やめられないの?
サンクコスト①
(コンコルド効果) ············· 110

07 なぜ企業の不祥事は
なくならないの?
集団思考の罠 ····················· 112

08 選択肢が多いと
決めることができません
選択のパラドックス ··········· 114

09 いつも誰かのせいに
してしまうのはなぜだろう
帰属理論 ····························· 116

10 経験が邪魔をする
因果関係の過大評価 ……… 118

11 合理的にはいかない
心の会計処理
心理会計（心理勘定）… 120

12 一人の行動が
他の大勢の行動を呼ぶ
インフォメーション・カスケード … 122

Column 05
サザエさんの視聴率で
景気がわかる? ………………… 124

Chapter 6
セールスに
惑わされないための
行動経済学

01 損を避けたい心理に刺さる
サプリのコマーシャル
損失回避 ………………… 126

02 「今だけ半額!」
それで儲かるの?
現状維持の罠 ……………… 128

03 フリーのネットサービス、
なぜ儲かる?
無料の威力 ………………… 130

04 ディズニーランドは
いつも行列
バンドワゴン効果 ………… 132

05 ハロウィンは、
なぜ日本で急に広まった?
ハーディング現象② ……… 134

06 巷にあふれる
"モンドセレクション金賞受賞"
権威への服従 ……………… 136

07 芸能人の CM 出演料が
高いのには訳がある
ハロー効果 ………………… 138

08 死亡率 20%の手術は
成功率が高い?
フレーミング効果① ………… 140

09 「1 日 100mg」より
「1 カ月 3,000mg」
フレーミング効果② ………… 142

10 プラモのパーツが入った
パートワークはなぜ売れる
サンクコスト② ……………… 144

11 BGM でワインが売れる?
音響の心理学 ……………… 146

12 週末に折り込みチラシが
増えるワケ
情報の利用可能性② ……… 148

Column 06
ダメといわれるほど
試したくなる心理 ……………… 150

Chapter 7
使える範囲が広がる
行動経済学

01 今と 1 年後、どちらが大事?
──せっかちを科学する
双曲割引モデル① ………… 152

02 " 我慢 " できる人が
成功する、その真偽
双曲割引モデル② ………… 154

03 選択の自由を認めつつ
行動を促す " ナッジ "
ナッジ理論① ………… 156

04 料理の並べ方一つで
メタボ改善
ナッジ理論② ………… 158

05 日本におけるナッジの例
ナッジ理論③ ………… 160

06 そのほかたくさんある
ナッジの応用例
ナッジ理論④ ………… 162

07 間違いは
予測可能って本当?
ヒューリスティックの罠 ……… 164

08 なぜ、
政治は良くならないんだ!
政治と行動経済学① ……… 166

09 より良い政策をめざそう
政治と行動経済学② ……… 168

Column 07
行動経済学で
社会をより良くしよう ………… 170

Chapter 8
行動経済学の
これからの展望

01 私たちの " 行動 " が
さらなる研究を支える
実践の重要性 ……………… 172

02 心の働きを突き詰めると
脳に行き着く
神経経済学 ……………… 174

03 豊富にあるナッジの機会
加速する政策への応用
リバタリアン・パターナリズム
……………… 176

04 常に " 自己中 " ではない
私たちの心理の可能性
利他性① ……………… 178

05 他者への思いやりが
社会をよくする?
利他性② ……………… 180

06 " やる気 " の追及──
やる気があれば何でも可能
アニマル・スピリット ……… 182

07 今も進んでいる
行動経済学の研究
行動経済学の未来 ……… 184

Column 08
行動経済学は人生を豊かにする …… 186

掲載用語索引 ……………… 188

chapter

行動経済学って なに？

> 行動経済学は、20世紀後半に誕生した新しい学問です。なぜ今、行動経済学が注目されているのか。伝統的な経済学との比較からひもといていきます。

KEY WORD ☑ 行動経済学

01 一体、行動経済学ってどういう学問？

行動経済学ってなに？

行動経済学とは、私たちの"心の働き"に注目した経済学です。

行動経済学では、まず、私たちの"心"を基礎にしてさまざまなことを考えます。行動経済学は、私たちの"心の働き"から人間の意思決定のプロセスや行動などを分析しようとする比較的新しい経済学の一分野です。行動経済学は、それぞれの個人や企業などの行動に関するものから、国レベルの経済まで幅広い分野が分析の対象となっています。行動経済学では、普通の人間を対象にして実証を行って、理論がまとめられています。

心が経済を動かす

状況によって気分は変わる。それが意思決定に影響します。

食べたいものを食べる。飲みたいモノを飲む。宿題をしなければならないのに遊んでしまう。私たちの行動は"**心の働き**"に影響されています。ロボットのように行動があらかじめプログラムされているわけではありません。そのため、ときには理屈に合わないことをしてしまうこともあります。行動経済学を勉強することで、私たちの日常の判断や考え方を、わかりやすく、**客観的に整理**することができるのです。

ときには理屈に合わない行動も……

●値上げしたのに売り上げアップ？

同じ宝石を消費者があえて高い値段で買ってしまうという不合理な事例。買う側には、「高価な宝石ほど価値が高いはず」という思い込みが働きます。こうした思い込み現象を行動経済学では「フレーミング効果」と呼びます。

●同じ率の値下げなのに……

単に「8％引きセール」だと、セールに慣れっこになっている消費者にはインパクトが足りません。一方で、「消費税は高い!」という消費者の気持ちが、消費税還元セールへの関心につながります。

KEY WORD ☑ 心理学の応用

行動経済学ってなに？ 02
"行動"ってなにを意味するの？

伝統的な経済学では説明できない経済に関する人々の行動も、心理学の理論を用いることで説明できるようになる場合があります。

行動経済学では、**心理学**（心の働きと行動を科学的に解明しようとする学問）の理論を応用して、経済に関する人々の意思決定を分析します。心は胸のあたりにあると考えられがちですが、心理とは、突き詰めると脳の働きに行き着きます。私たちが何かの"行動"をとるとき、必ずその背景には、感情、思い、こだわりなど、さまざまな心の働きがあります。満足度を高めたり、不安を和らげるために、私たちは考え、判断を下し、実際の行動につなげています。

心理とは脳の働き

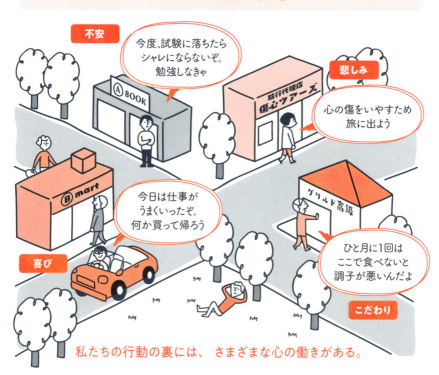

私たちの行動の裏には、さまざまな心の働きがある。

心理学は私たちの意思決定を考える上で、とても役立ちます。私たちが自分自身を取り巻くもの（外界）を目にし、それが何であるかを解釈することを"認識する"と言います。また、物事を認識するプロセスがどのようになっているかを客観的に分析する心理学を認知心理学と呼びます。そうした心理学の理論を用いることで、私たちがモノを買ったり、投資をする心の働きを理解することができるのです。

心の働きとは？

■ 人間の認知はときとして錯覚を伴う

左上の「ルビンの壺」というだまし絵は、白い部分を見ると「壺」に、黒い部分を見ると「向かい合っている横顔」に見えます。また、右上の二つの直線部分は、実はいずれも同じ長さです。このように、人間の心の感じ方はときとして錯覚を伴います。心の働きをもとに、行動経済学の理論が構築されてきました。

KEY WORD ☑ **行動経済学の説明力**

行動経済学
ってなに？
03

なぜ、行動経済学が注目されているの？

伝統的な経済学と行動経済学の一番の違いは、私たちの意思決定のプロセスをうまく説明することができることです。

行動経済学が注目されている理由は、心理学を使うことによって、私たちの**意思決定のプロセス**をうまく説明できるからです。従来の経済学よりも、納得感のある説明ができるということです。そのため、世界的に、行動経済学へのニーズが高まっています。特に、1週間や1カ月間など、短い期間に起きた経済に関する変化を説明しようとするとき、行動経済学が威力を発揮します。

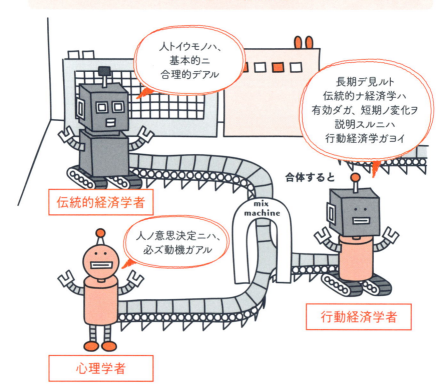

現在、行動経済学の理論を用いて、経済に関するさまざまな活動を分析し、説明しようとする試みが増えています。対象となる分野は、株式の価格や外国為替市場での為替レート（ドルと円など二国間の通貨の交換レート）などの動きをはじめ、一人ひとりの消費、企業のプロジェクト・マネジメント、財政の運営、経済の危機的な状況（2008年9月15日に起きたリーマンショックなど）の原因の解明などです。

株価を動かす市場心理とは

金融市場は全員参加の住民投票

金融市場では日々、全員参加の住民投票が行われている。理論上、100人中51人以上が「上がる！」と思えば株価は上がる。反対に、100人中51人以上が「景気が悪くなりそうだから株価は下がる」と思えば、株価は下がる。

KEY WORD ☑ 生身の人間

行動経済学ってなに?
04 "伝統的な経済学"との違いとは?

人の心の働きを重視してこなかった伝統的な経済学とは異なり、行動経済学では"ありのまま"の"生身の人間"を研究対象としています。

経済学と行動経済学の違いは、私たち"人間"のとらえ方にあります。行動経済学では、うれしさや不安などに影響される私たちの"ありのまま"を考えようとしてきました。まさに、**生身の人間**が研究の対象です。伝統的な経済学は違います。私たちの心の働きを重視してきませんでした。むしろ、経済を研究する学者が、自らの研究に都合の良い前提条件を置いてきました。伝統的な経済学では、私たちは感情を持たず、バカなこともせず、常に合理的に行動すると仮定してきたのです。

注)本書で経済学と表記している場合、"伝統的な経済学"を指します

伝統的な経済学では、私たちは常に合理的であると前提を置いてきました。合理的とは、無駄がないということです。たとえば、明日、学校でテストがあるとしましょう。テストのためには、勉強するのが合理的です。しかし、友だちに「カラオケに行こう」と誘われると、そうはいかないでしょう。それが人情です。経済学では合理的な人間という条件を置き、多くの人に当てはまる説明を目指してきました。"情"は考慮されてこなかったのです。

行動経済学

行動経済学が想定する「人」は、それぞれの価値観で行動し、ときとして不合理な意思決定もする"ありのままの私たち"である。

one point
意思決定は常に合理的とは言えない

行動経済学では、生身の人間が持っている「不合理性」を理論的に解明することで、経済活動における人間の意思決定の説明を行います。

KEY WORD ☑ **行動経済学の歴史**

行動経済学ってなに？
05 行動経済学の理論を構築した学者たち

20世紀に誕生した行動経済学は、心理学の理論を用いて発展してきました。

では、いつから、行動経済学が注目されてきたのでしょうか。1979年、行動経済学の"生みの親"ともいうべき、一つの論文が発表されました。それが、ダニエル・カーネマンとエイモス・トベルスキーが著した『**プロスペクト理論**：リスクがある環境下での意思決定の分析』です。この論文は、心理学の知識を使って私たちの経済に関する行動を分析する「行動経済学」の発展に大きく貢献しました。

ダニエル・カーネマンとエイモス・トベルスキー

ダニエル・カーネマン
（1934～）

イスラエル生まれの心理学者。プリンストン大学名誉教授。エイモス・トベルスキーと共同研究を行ったプロスペクト理論により、2002年にノーベル経済学賞を受賞。

エイモス・トベルスキー
（1937～1996）

イスラエル生まれの心理学者。1971年にスタンフォード大学教授となり、カーネマンとともに共同研究を行い、プロスペクト理論を提唱。1996年に死去。

プロスペクト（Prospect）は、期待や予想などを意味します。プロスペクト理論は、さほど難しいものではありません。簡単にいうと、私たちは"儲け（利益）はできるだけ早く確定したい"と考える一方で、"損失は先送りしたい"と考えているということです。心の働きは、いつも合理的とは限りません。日常の生活を振り返っても、「確かに、そういうことは多い」とうなずくことのできる内容だと思います。

プロスペクト理論とは？

プロスペクト理論は、以下の価値関数のグラフで表される。

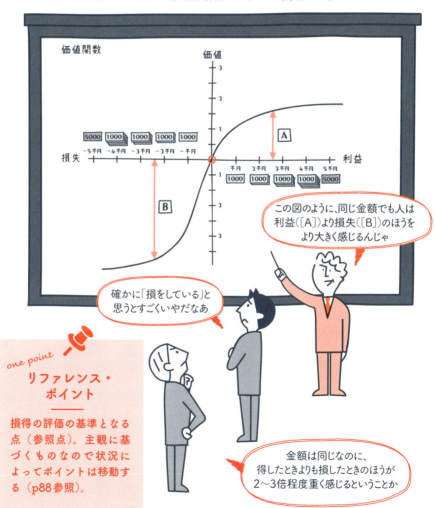

one point
リファレンス・ポイント

損得の評価の基準となる点（参照点）。主観に基づくものなので状況によってポイントは移動する（p88参照）。

KEY WORD ☑ ノーベル経済学賞

行動経済学ってなに？
06

ノーベル経済学賞の対象にもなった

2002年のダニエル・カーネマンを筆頭に、21世紀になってから、3人の行動経済学の研究者がノーベル経済学賞を受賞しました。

2002年、プロスペクト理論を生み出したカーネマンは**ノーベル経済学賞**を受賞しました。これは行動経済学の研究者としてはじめてです。受賞理由は「心理に関する研究から得られた考えを、経済学の分野に結びつけた功績」というものでした。特に不確実な状況の下での人々の判断と意思決定の分析への貢献が認められました。なお、1996年にトベルスキーは亡くなったため、2002年のノーベル経済学賞を受賞することはできませんでした。

ノーベル経済学賞の対象にもなった

2002年
ダニエル・カーネマン
（p18参照）

2013年
ロバート・シラー
（1946～）

米国生まれの経済学者。イェール大学教授。自らの著書でサブプライム危機の到来を予見したことでも有名。2013年にノーベル経済学賞を受賞。

2017年
リチャード・セイラー
（1945～）
米国生まれの行動経済学者。シカゴ大学教授。ナッジ理論の研究で広く知られる、行動経済学の指導的研究者の一人。2017年にノーベル経済学賞を受賞。

その後、2013年にはイェール大学のロバート・シラー教授がノーベル経済学賞を受賞しました。その理由は、株式などの取引を行う金融市場は、理屈で想定された通りではないことを解明したからです。また、2017年には、シカゴ大学のリチャード・セイラー教授が同賞を受賞しました。セイラー教授はのちほどご紹介する"ナッジ"をはじめとする行動経済学の理論を生み出したことへの功績がたたえられました。

1 行動経済学ってなに？

ナッジ理論とは？

ナッジとは、それと気づかせることなく特定の人や人々を、合理的と考えられる好ましい方向に誘導する行為を指します。

強制されると人は反発する。

強制せず、自由を認めながら誘導すると効果が高まる。

近年話題となったこれも強制がうまくいかないことの一例でしょう

セイラー教授

DJポリス

2013年6月、サッカー日本代表がW杯ブラジル大会出場を決めた夜、熱狂して渋谷のスクランブル交差点に集まったサッカーファンを軽妙な語り口で誘導して混乱を鎮めたDJポリス。このとき、誘導に当たった警察官の本心はわかりませんが、強制されないと反発しなくなる心理を考える良い例です。

21

KEY WORD ✓ 行動経済学の現在

行動経済学ってなに？ 07
経済学者は行動経済学も研究しているの？

三度のノーベル経済学賞受賞に見られる通り、行動経済学は国内外でますます注目を集めています。

近年、行動経済学を研究する経済の専門家は増えています。若い研究者の中には、はじめから行動経済学を学び、さらなる研究の成果を示そうとする人も多く見られます。また、伝統的な経済学を学び、"私たちは合理的な存在だ"と考えてきたものの、説明力の高さに惹かれて行動経済学に関する研究に取り組んでいる人もいます。経済学部のカリキュラムに行動経済学を取り入れる大学も増えてきています。

ますます注目される行動経済学

伝統的な経済学を重視する研究者は依然として多い。

……しかし近年は、はじめから行動経済学を学ぶ人も増えている。

22

2004年、日本における行動経済学の研究の促進を目指し"行動経済学ワークショップ"が開催されました。2007年には**"行動経済学会"**が設立され、ロバート・シラー教授など海外の研究者を招き、研究の発表やディスカッションが活発に行われています。行動経済学へのニーズが高まっているのは一時的な動きではなく、この理論が私たちの意思決定をより良く説明できるからです。これからも、行動経済学を研究する専門家は増えていくでしょう。

行動経済学の政策への応用

行動経済学は、金融やマーケティングの世界ばかりでなく、政治の世界でも注目を集めています

医療・健康

医療や国民の健康維持といった分野を中心に、すでに日本を含めた各国で行動経済学を応用した政策が進められています（p158〜161参照）。

環境・エネルギー

医療・健康とともに特に行動経済学の応用が期待される分野です。2017年には日本でもナッジ・ユニットが発足しました（p160〜161参照）。

安全

建築安全や火災安全ほか、建築基準法などの法律による強制だけでは困難な安全確保においても、ナッジほか行動経済学の応用が期待されています。

行政

行政の分野も、行動経済学の幅広い応用が期待されています。英国でのナッジ理論を応用した実験では、実際に納税率のアップが実証されました（p162〜163参照）。

へぇ〜

政治家を目指すなら行動経済学も勉強しないと

KEY WORD ☑ 行動経済学の応用性①

行動経済学ってなに？
08

行動経済学はどう役に立つの？

心の変化は、無意識のうちに起こることもあります。それをも理論化していくのが行動経済学の役割です。

行動経済学は、私たちの心理、感情などが、判断にどう影響し、**どういった行動につながるか**を考えることに役立ちます。個人だけでなく、社会の動きや変化を考えるためにも有用です。行動経済学は心理学の理論や知識を応用しているとご説明しました。私たちの気持ちは常に一定とはいえません。周りの人の行動や、天候、体調などによって、ころころと移り変わります。すなわち、行動経済学は、短い間に発生した私たちの行動や経済の変化を考えるのに役立ちます。

経済を動かす私たちの感情

異なる感情が、似たような行動につながる場合も……

心＝気持ちの変化は、いつも、必ず、私たちが意識することによって起きているとは限りません。ときには、注意していても、心が勝手に（無意識のうちに）アクションを起こしてしまうこともあります。たとえば、音楽を聴くと気づかないうちにリズムに合わせて身体が動くことがあります。同じことが経済の活動にもあります。短期の間に起きた経済の変化を説明することは行動経済学の主な強みと言えます。

状況や環境も経済を動かす

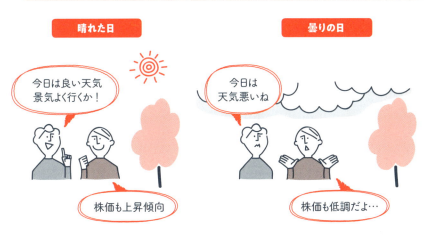

一般に晴れた日は株価も上昇傾向に、曇りの日は低調になることがあると言われている。

KEY WORD ☑ 行動経済学の応用性②

行動経済学ってなに？
09

どんな仕事に行動経済学は役立つの？

経済に関するあらゆることを対象とする行動経済学は、さまざまなビジネスの現場で役立ちます。

現在、さまざまなビジネスの現場で、私たちの心の働きに関する知識を用いて、従来よりも大きな満足度を人々に提供して、売り上げを増やそうとする考えが増えています。具体的な仕事の分野としては、マーケティング、新しい商品の企画やデザイン、株式や外国為替などの金融市場のリサーチやトレーディングなど、**行動経済学の応用の範囲は多岐にわたります**。応用の範囲は拡大しています。

広がりを見せる行動経済学の応用範囲

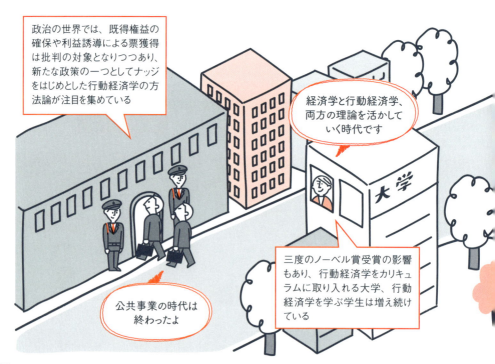

政治の世界では、既得権益の確保や利益誘導による票獲得は批判の対象となりつつあり、新たな政策の一つとしてナッジをはじめとした行動経済学の方法論が注目を集めている

経済学と行動経済学、両方の理論を活かしていく時代です

公共事業の時代は終わったよ

三度のノーベル賞受賞の影響もあり、行動経済学をカリキュラムに取り入れる大学、行動経済学を学ぶ学生は増え続けている

26

行動経済学では、これ、と決まった分析の対象が決められているわけではありません。経済に関する私たちの判断、行動を、すべて研究の対象として扱うことができます。理論をどう使うかは、調べる人の考え方次第ともいえます。マーケティングや金融の仕事では、私たちの行動に関するデータを分析し、それをもとに特定のパターンを見つけ、仕事に活かすことが目指されています。重要なことは、調べた内容が、多くの人に理解してもらえるかどうかです。

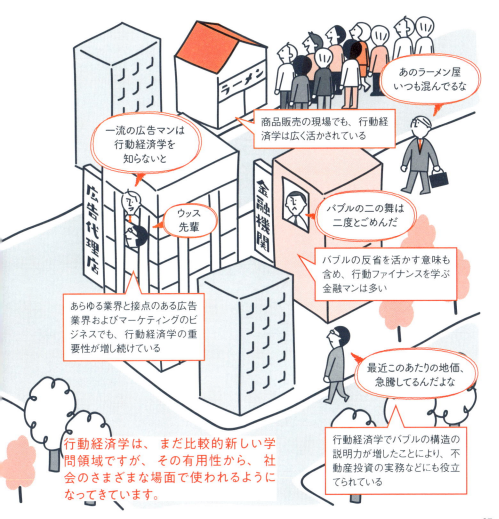

行動経済学は、まだ比較的新しい学問領域ですが、その有用性から、社会のさまざまな場面で使われるようになってきています。

KEY WORD ☑ 組み合わせが大事

行動経済学ってなに？
10

じゃあ、伝統的な経済学は役に立たないの？

このめまぐるしい時代、伝統的な経済学に限界を感じる人が多いのは事実ですが、その理論的な蓄積は今後も十分に役立つものです。

これまでの説明をお読みいただくと「じゃあ、経済学は役に立たないの？」との疑問を抱かれる方は多いのではないでしょうか。そうではありません。経済学は役に立つ学問です。ながい目で私たちの暮らし、人生、社会の変化と行動の合理性などを考えるとどうでしょう。ときにはおかしなこともするが、ながい目で見ると、そうではありません。子どもが成長して大人になると、分別が身に付き、合理的なあるべき判断を下すようになります。

伝統的な経済学と行動経済学

短期的に見ると、私たちはおかしなことをしてしまうことがあります。目の前の誘惑にかられるあまり、学習効果が働きづらいのです。しかし、長期的に見ると徐々に学習効果が働き、合理的に行動することが増えます。

社会人になったばかりの若者は、次の日に仕事があっても「まぁ、いいや」と週に何回も飲み会に繰り出すなど、無茶をすることもあります。

まだまだ新人のうちは、仕事や私生活での失敗も多く、上司に怒られてばかりという場合もあるでしょう。多少自堕落な生活をしていても、体力があるうちは反省しづらいともいえます。

今日もカンパーイ！明日もカンパーイ！

明日も仕事だけどまあいいや

申し訳ございません

新社会人

短期の変化を考える上では、行動経済学のほうが役立つ

若いうちは感情のままに生活を送る人や、転職を繰り返す人も多い。また、日々、私たちが理屈に合わない意思決定をすることは少なくありません。短期的な変化を説明する上では、行動経済学の理論が威力を発揮します。

28

"衝動的"というように、私たちはときどきの感情に影響され、判断を下しがちです。それが、短期の経済の変化につながります。日々、金融市場ではそうした動きが株価などに影響します。しかし、時間が経つにつれ、私たちは冷静さを取り戻します。それが、合理的な行動につながります。合理的な人間を前提とする伝統的な経済学は、長期の経済の変化をとらえようとしてきました。**短期の変化は行動経済学で、長期の動きは伝統的な経済学**を使って考えるのが良いでしょう。

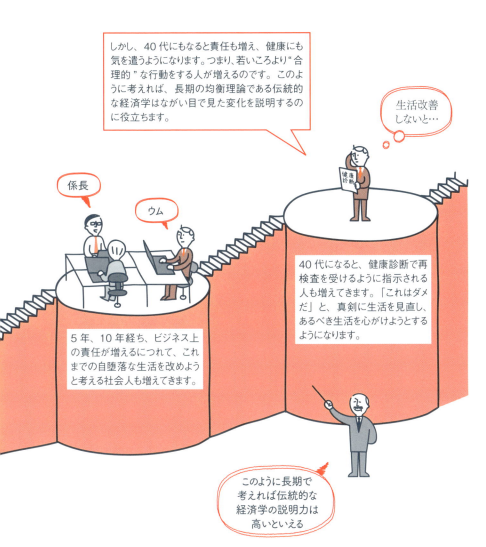

column No. 01

行動経済学を勉強するにはどうしたらよいの？

　行動経済学を勉強するためには、ぜひ、この本をじっくりと、繰り返し読んでください。これから、さまざまなケーススタディや具体例を紹介し、私たちの心の働き（感情、こだわりなど）が、判断や意思決定にどのような影響を与えるかを一緒に考えていきましょう。

　たとえば、景気がよくなると、なぜ値段の高いものが売れるようになるか、など、私たちの心理のありようが、そのときどきの経済に無視できない影響を与えています。実際、多くの経済学者が、身近な疑問や好奇心を基にして行動経済学の理論を生み出してきました。一度、本書をお読みになった上で、自らの行動、社会の動きを考えてみてください。

　行動経済学の説明力の高さをより深く理解するためには、伝統的な経済学もしっかりと勉強していただきたいと思います。それをもとにして、実際に社会で起きてきた、あるいは起きてきている動きを自分の頭で考えることは、人生を豊かにすることにつながるはずです。

chapter

経済学者の
深い反省

伝統的な経済学では、私たち人間は常に合理的であるとの前提を置いてきました。しかし、その前提で複雑な経済現象のすべてを説明することはできません。

KEY WORD ☑ ホモ・エコノミカス

経済学者の深い反省 01
私たちは常に"合理的"とは限らない

伝統的な経済学では、私たちは自らの利益のために行動する合理的な人間との前提がある。しかし常にそうとは限らない。

第2章では、伝統的な経済学が、私たちの人間像をどうとらえてきたかを確認します。伝統的な経済学では、"私たちは、感情に振り回されず自らの利益のために行動する、非常に合理的な人間である"と前提を置き、研究を行ってきました。それは、マンガ『ゴルゴ13』に出てくる、デューク東郷のように、超・合理的な、無駄のない人をイメージすればよいと思います。それが"**ホモ・エコノミカス**（合理的な経済人）"です。

ホモ・エコノミカスとは？

私たちはスーパーマンではなく、以下のように常に、いかなる状況でも"合理的"とは限らない。

日々、私たちが、"おかしなこと"をすることは少なくありません。ときには合理的とは言えない、おかしなことをするのが人間＝ヒューマンです。一方、一人ひとりの好みや習慣、感情などを考え始めると、共通点を見い出し、経済に関する法則を見い出すのが難しくなってしまいます。そのため、伝統的な経済学では私たちのすべてがホモ・エコノミカスであると前提を置いてきました。

私たちは常に合理的とは限らない

●私たちがホモ・エコノミカスだったら……

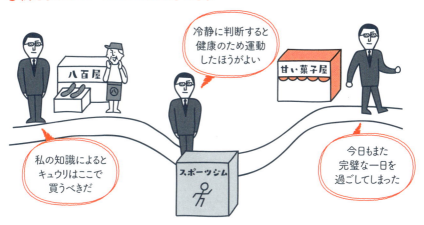

●しかし、実際の私たちは……

KEY WORD ☑ 現実への接近

経済学者の深い反省 02
私たちの"ありのまま"を解き明かす

私たちは、ときに合理的で、ときに不合理です。それが現実であり、行動経済学という学問の出発点でもあります。

ホモ・エコノミカス＝合理的な経済人という前提を置くことによって、多くのケースに当てはまる理論は作りやすくなります。長期的に見れば、私たちはそれなりに合理的であり、この前提がおかしいとは限りません。ただ、前提が置かれている分、伝統的な経済学が私たちの"実感"や"直感"に即しているとは言いづらいのです。それが「経済学ってよくわからない、難しい」という印象の一因になっているのでしょう。

伝統的経済学者のジレンマ

伝統的な経済学が前提とする合理的な経済人は、
私たちの現実の姿ではない

その反省から、伝統的な経済学の理論をより現実に近いものにしようとする取り組みも進んでいます。それが行動経済学の理論の発展につながっています。私たちの"**ありのまま**"を解き明かそうとすることは、みなさんの感覚に合う理論を目指すということです。行動経済学を用いて日々の意思決定を見直すと、なぜそういう判断を下したか、その理由をありのままにとらえ、考え、納得することができると思います。

経済学の反省から行動経済学へ

私たちの"ありのまま"を解き明かすため、
経済学は人間の心の領域に踏み込んだ。

KEY WORD ☑ 人間の不合理性①

経済学者の深い反省
03 人間は常に"あるべき"行動をとるとは限らない

人は誘惑に弱い生き物です。そのため、私たちはしばしばおかしな行動をとることがあります。

短期の間での私たちの判断や行動などを振り返ると、伝統的な経済学で想定されてきたほど、いつも合理的とは限りません。大学で授業をしていると、睡魔の誘惑にかられ、授業に集中できない学生は少なくありません。それは、勉強をして、自らの能力を磨くという目的の達成には、合理的なことではないはずです。ながい目で見れば、学習効果が働きますから、おかしな行動を少しずつ、あるべき方向に修正することはできるでしょう。

人間はおかしなことをする

人間には欲求があり、不合理とわかっていても、誘惑にかられてしまう。

36

「やらなければよかった」と後悔してしまうことは、よくあります。あとになって後悔するだろうと感じても、誘惑にかられてしまいます。心は弱いのです。回りくどい言い方になってしまいますが、誘惑を断つことも後悔の念を残します。目先の満足を追いかけた結果、後悔をしてしまう。それは、私たちの"さが"ともいえます。思い起こせば、徹夜の麻雀やカラオケ、深酒と、**人間はおかしなことをする**ものなのです。

人間は目先の満足を追いかけがち

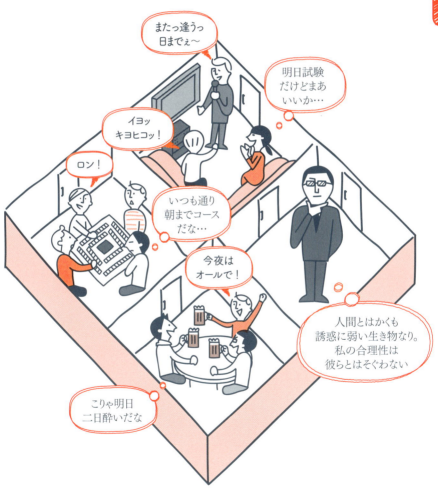

KEY WORD ☑ 人間の不合理性②

経済学者の深い反省
04
考えに違いがあるから、行動が違う

私たちはそれぞれに異なる考えや思い、こだわりなどがあり、その一つひとつの心が経済を動かしている。

　世の中を見回すと、さまざまな考えを持った人が、自らの満足を満たすために働き、モノなどを取引しています。私自身はテレビゲームをしません。しかし、テレビゲームが好きな人は、たくさんいます。だから、"ニンテンドースイッチ"などのゲーム機がヒットします。これは、多くの人が"欲しい"と思うものを提供できれば、利益を手にすることができるという、実に大切なインプリケーションを含んでいます。

人が欲しいと思うものはさまざま

人の好みはさまざま。また、モノによって欲しいと思う人の数もバラバラです。

全員が同じ情報を、均等に持ち、すべての情報が株価やモノの価格に反映されている、これが伝統的な経済学の想定する世界です。それぞれの人が持つ情報の量や質にはばらつきがありません。しかし、それでは取引は成立しないでしょう。一人ひとり考えが違うから、取引が行われ、価値が見出されて経済が動きます。**人（ヒューマン）の"欲しい"、"うらやましい"、"儲けたい"、という気持ちが、経済を動かしているのです。**

伝統的な経済学が想定する世界

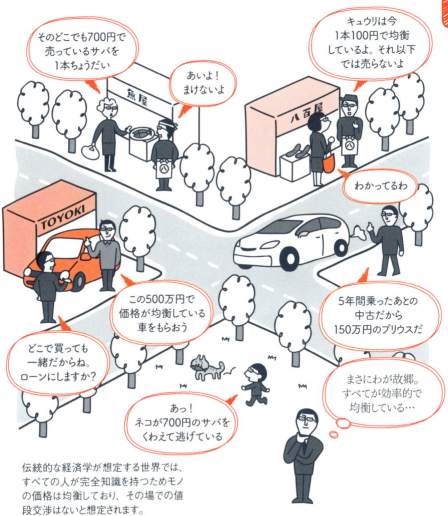

伝統的な経済学が想定する世界では、すべての人が完全知識を持つためモノの価格は均衡しており、その場での値段交渉はないと想定されます。

KEY WORD ☑ **経済学者の反省**

経済学者の
深い反省
05

経済学の考え方に
疑問を持ち始めた研究者

理屈に合わないことへの説明を放棄してきた伝統的な経済学。
その反省が、現在、行動経済学に活かされています。

伝統的な経済学では、"市場は効率的である"との前提も置かれてきました。株価には、その会社に影響を与える情報がすべて、取りこぼしなく反映されているということです。一つの会社の株価(あるいはモノの価格)は、一つに決まるということです(**一物一価の法則**)。しかし、ニュースが出ると株価は大きく動きます。大阪と東京の証券取引所で株価が違うこともあります。いつも、金融市場が効率的とは限りません。

一物一価の法則とは？

完全競争が行われた場合、同一の時点および市場では、同質の商品には一つの価格しか成立しないとする法則。ただし現実世界は、その通りにはいかない。

40

伝統的な経済学の課題は、理屈に合わないことへの説明を放棄してきたことです。経済学者は「時と、場合によっては、市場が違うと株価が異なるなど、理屈に合わないことはあるかもしれない。そうした状況は想定していない。ながい目で見れば理屈は有効」と鷹揚に、自らに都合よくふるまってきました。理論を見直すのではなく、例外的な状況が起きた（アノマリー、例外的事象）と、その場をやり過ごしてきました。その反省が、さらなる理論の発展につながっています。

2 経済学者の深い反省

なぜ、合理的とはいえない行動をとるのか？

KEY WORD ☑ 情報の非対称性

経済学者の深い反省
06

人々が持っている情報には偏りがある

伝統的な経済学では、人は完全知識を持っていると想定されます。しかし実際には、みんなが等しく情報を持っているとは限りません。

情報の非対称性は、経済学者の反省から生まれた、比較的新しい理論です。これは、使える情報をたくさん持っている人と、そうでない人がいるということです。新しい商品や不祥事などに関する企業の内輪の情報は、特定の役員や従業員でなければわかりません。これを、"インサイダー情報"と言います。内輪の従業員は、勤める企業の秘密を知っています。しかし、一般の人はそれを知りません。このように、情報には偏りがあります。

情報の非対称性とは？

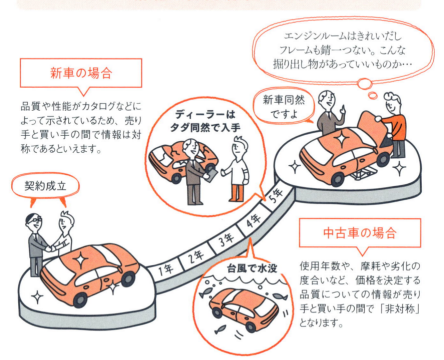

新車の場合
品質や性能がカタログなどによって示されているため、売り手と買い手の間で情報は対称であるといえます。

中古車の場合
使用年数や、摩耗や劣化の度合いなど、価格を決定する品質についての情報が売り手と買い手の間で「非対称」となります。

その例が、中古車の市場です。売り手（ディーラー）は中古車に関してパーフェクトな情報を持っています。水没した、エンジン内部に傷があるなど、見ただけではわからないことも、すべて知っています。一方、お客さんにはそうした情報がありません。これが、情報の非対称性です。この状況が続くと、徐々に「ディーラーはお客をごまかしている」との不安が増えます。情報の非対称性が解消されないまま残ると、市場そのものがなくなる可能性が高まります。

情報の非対称性がもたらすその他の弊害

KEY WORD ☑ 景気は気から

経済学者の深い反省
07

景気を左右する私たちの心理

「景気が良い」「景気が悪い」などとよく言いますが、実際のところは、私たちの"心"が景気を動かしているとも言えるのです。

"景気"には、気持ちの"気"が付きます。辞書で調べると、景気とは、幅広い経済の状況に関する状況を示すと定義が記されています。GDP（国内総生産）の成長（経済成長）がプラスであれば景気は良い。反対にマイナスであれば、景気は悪い（弱い）ということです。経済が成長すると、自然と、私たちの"気持ち"にはゆとりが生まれます。それが、リスクをとる心理を支え、株価の上昇などにつながります。

景気が悪いと……

景気が悪いとみんなが思っていると、消費などが冷え込んでしまい、景気はさらに悪くなっていく。

44

まさに、景気は気から、**私たちの心理のありようが経済に無視できない影響を与えます**。家の中に一人でいると、話す相手もなく、気分も盛り上がりません。それでは、お金を使って楽しいことをしようとする気持ちにはならないでしょう。そういう人が増えると、経済の活動は盛り上がりにかけ、停滞しがちです。一方、みんなでわいわい、楽しく外出すると、食事をしたり買い物をしたり、お金を使います。それが、経済を活気づけます。

景気が良いと……

景気が良いとみんなが思っていると、消費などが活発になり、景気はさらに良くなっていく。

KEY WORD ☑ 病は気から

経済学者の
深い反省
08

イグノーベル賞を受賞した行動経済学者の研究

行動経済学者のダン・アリエリー教授による研究で、実際に、気持ちで身体の不調が改善されることがわかりました。

気持ちを表す"気"はいろいろな文脈で使われます。"病は気から"は、気持ちが、体調を左右するという意味です。病は気からに関する研究を行った専門家がいます。デューク大学のダン・アリエリー教授です。同教授は、価格が違うことによって、薬を服用した場合の効果に違いがあるかを調べました。また、同じ銘柄のエナジードリンクであっても、安売りされている場合と、定価で売られている場合によって、効果に違いがあることを示しました。

ダン・アリエリー教授による研究

ダン・アリエリー
(1967〜)

イスラエル生まれの行動経済学者。デューク大学教授。日本では、2014年にNHK Eテレで『お金と感情と意思決定の白熱教室』が放映され話題になった。

これが、"プラセボ効果"に関する研究です。効果があると思い込んでプラセボ（効果のない薬）を飲むことで、病の症状がよくなることがあります。2008年、アリエリー教授はこの効果を示したことが認められ、イグノーベル賞を受賞しました。実際に、"笑い"が免疫力を高めるなど、医学の分野でも心の働きと病の関係が解明されつつあります。景気は気から、病は気から、**気持ちの持ち方一つで私たちの人生は大きく変わる**可能性があります。

病気と同様に、景気も気の持ち方次第

実際の景気状況はともあれ、人々が「景気が良い」と思えば消費も増え、景気は上向いていく。

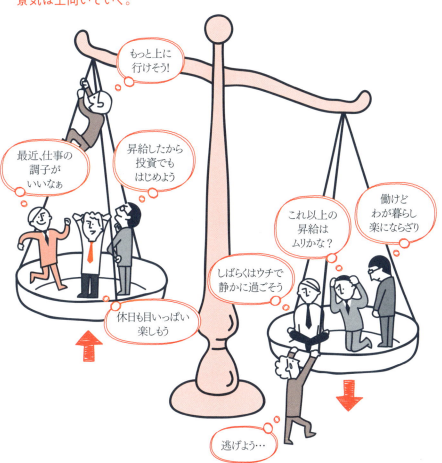

KEY WORD ☑ とまらない欲求

経済学者の深い反省
09

欲求のさまざまな段階

私たちの欲求にはさまざまな段階があります。米国の心理学者マズローは、人間の欲求のレベルを5段階に分けて説明しました。

私たちは、さまざまな欲（欲求）を持っています。欲求は止められません。自分自身のダイエットも然りです。おなかがすくと、何か食べたくなる、自分の存在をアピールしたい……など、いろいろと欲はつきません。経済に関して言えば、儲け（利益）を追求する気持ち＝富への欲求がビジネスの原動力です。それは、成功や利益を追い求める"**アニマル・スピリット**（血気、野心）"です。

マズローの欲求5段階説

マズローは、人間の欲求は5段階のピラミッドのように構成されていて、低階層の欲求が満たされると、より高次の階層の欲求を欲すると説きました。

欲求にはさまざまなレベルがあります。米国の心理学者、エイブラハム・マズローは私たちの欲求のレベル（階層）を、わかりやすく分けました。それが、"**欲求5段階説**"です。マズローによると、欲求は、生理的欲求（呼吸、食事）、安全欲求（身体の安全確保、雇用の確保）、社会的欲求（友情、家族愛）、尊厳欲求（自尊心、他者からの尊敬）、自己実現欲求、の順に追求されます。一般的には、社会が発展するにしたがって、より高次の欲求が強くなると考えられます。

2 経済学者の深い反省

one point
超越的な自己実現欲求

マズローは晩年に、もっとも高次な階層である「自己実現の欲求」は、さらに「超越的でない自己実現欲求」と「超越的な自己実現欲求」の二つの階層に分かれると論じました。自己超越とは、目的の達成"だけ"を追及している（没頭している）状態といえます。

KEY WORD ☑ 行動ファイナンス

経済学者の
深い反省
10

行動ファイナンスってどういう分野?

行動経済学の一分野である行動ファイナンスは、"バブル"など伝統的な経済学では説明できない事象の説明が可能となりました。

行動経済学の一分野に、行動ファイナンスがあります。行動ファイナンスでは、実際に金融市場で活動している人間に注目します。その心理の状況を分析することによって、株価の動向など、金融市場の動向を、現実に即して(ありのままを)分析する。それが行動ファイナンスです。伝統的な経済学の一分野である金融論では、市場は効率的であり、投資家(人間)は合理的な存在であると前提を置いてきましたが、行動ファイナンスはそうした前提を置きません。

行動ファイナンスの位置付け

行動ファイナンスの考えを使うと、従来の金融論が説明を放棄してきた"アノマリー"をうまく説明することができます。たとえば、ITバブルのようなバブルは、従来の考えでは"ありえない"、"**一時的かつ例外的な現象**"と一蹴されてきました。しかし、行動ファイナンスでは、心理学の知識を使ってバブルなどに真正面から向き合い、投資家がどのような心理で株などを買うかを考えます。行動ファイナンスを勉強することは、個人の資産運用などを考えることにも役立ちます。

伝統的ファイナンス理論と行動ファイナンス理論

※フェアバリュー…理論的に公正と考えられる価値

column

No. 02

経済学でも
実験をするって本当？

　経済学でも、実験への参加者（被験者）を集めて、心の働きが私たちの行動にどう影響するか、実験を行います。それが"実験経済学"です。たとえば、コンピューター上で架空の金融市場を作り出し、損益の発生状況や、情報の量などによって、被験者の投資がどう影響されるかを実際に調べるのです。その他にも、さまざまな経済に関する行動を解明するために、実験が行われます。

　1948年、ハーバード大学のエドワード・チェンバリンが『実験に基づく不完全な市場（An Experimental Imperfect Market）』という論文を発表しました。2002年には実験経済学の理論の発展に貢献したことがたたえられ、チャップマン大学のバーノン・スミス教授がノーベル経済学賞を受賞しました。伝統的な経済学に関する研究はしつくされてきたといえます。それだけに、従来の前提を変えて新しい発想での研究が増えるのは、ある意味、当然のことといえるでしょう。

chapter

行動経済学の"いろは"

人は知らず知らずのうちに型にはまった思考をしています。この章では、行動経済学の基礎的な理論とともに、私たちの不合理な意思決定の過程を解説します。

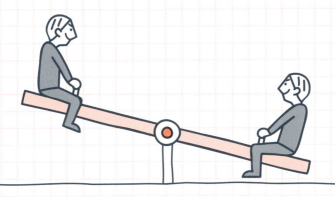

KEY WORD ☑ ヒューリスティック

行動経済学の"いろは"
01 意思決定を支える"直感"

私たちは、物事を直感的に、大くくりにとらえ、意思決定を行うことがあります。これを行動経済学では"ヒューリスティック"と呼びます。

ヒューリスティックとは、「**ざっくりと物事を掴む**」あるいは「**直感的に物事を理解する**」ということです。言い換えれば、少しの努力で、すぐさまに結論を導き出そうとすることです。ここで一つ例を挙げましょう。たとえば、あなたが誰かから「日本のサラリーマンの平均収入はいくらですか？」と尋ねられたとします。あなたは最近のニュースで約400万円と報じていたのを覚えており、その記憶を頼りに返事をします（平成28年分民間給与実態統計調査結果［国税庁］によれば平均給与421.6万円）。これがまさにヒューリスティックです。

複雑な情報を単純に把握する心理的営み

これらの図形の共通点は何でしょう？1秒で答えよ

うーん なんとなく全部、丸い感じ？

中抜きの円や縦横の楕円など、さまざまな形状の図形が並んでいますが、1秒間見ただけで「円をもとにした図形」という"共通点"が印象に残るでしょう。これが、ヒューリスティックです。

ヒューリスティックとは、何らかの情報を自分なりに理解したり、その情報を使って外に対して反応するとき、長い時間を使って慎重に考えるのではなく、直感を働かせて大掴みに考え、意思決定を行う心の働きです。こうしたことは投資の現場でもよく行われます。たとえば、大きな台風が来て、河川や橋、道路が被害を受けたというニュースを聞いた投資家が、すぐに建設業者の株式を購入するというケースなどです。

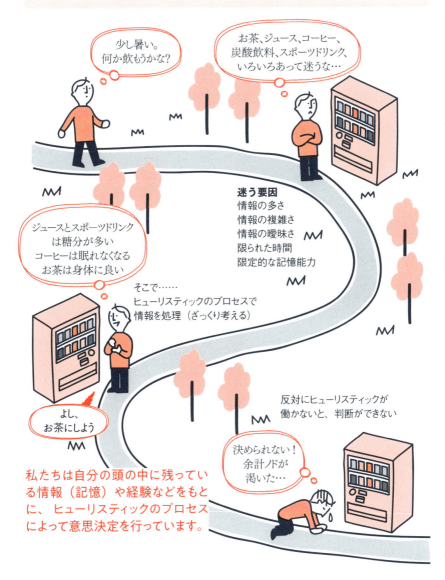

日常でのヒューリスティックの例

少し暑い。何か飲もうかな?

お茶、ジュース、コーヒー、炭酸飲料、スポーツドリンク、いろいろあって迷うな…

迷う要因
情報の多さ
情報の複雑さ
情報の曖昧さ
限られた時間
限定的な記憶能力

ジュースとスポーツドリンクは糖分が多い
コーヒーは眠れなくなる
お茶は身体に良い

そこで……
ヒューリスティックのプロセスで情報を処理(ざっくり考える)

よし、お茶にしよう

反対にヒューリスティックが働かないと、判断ができない

決められない!余計ノドが渇いた…

私たちは自分の頭の中に残っている情報(記憶)や経験などをもとに、ヒューリスティックのプロセスによって意思決定を行っています。

KEY WORD ☑ 単純化

行動経済学の"いろは"
02
物事はシンプルに考えることが重要

ヒューリスティックにはいくつか種類があります。情報をざっくりと掴むことを単純化のヒューリスティックと呼びます。

私たちは情報を考え、理解しようとするとき、無意識のうちに複雑な内容を単純にとらえます。それが意思決定を支えています。四捨五入が良い例です。四捨五入をするとき、私たちは小数点以下の細かな数字（小さな違い）を無視しています。わが国の平成30年度予算規模は97兆7128億円です。これを「予算はだいたい98兆円」ととらえるのが**単純化のヒューリスティック**です。

複雑な情報の単純化の例

たとえば平成29年時点での日本の人口は以下の通りですが、通常は約1億2,700万人と覚えておけば情報としては十分に役立つ。これも単純化のヒューリスティックの一例です。

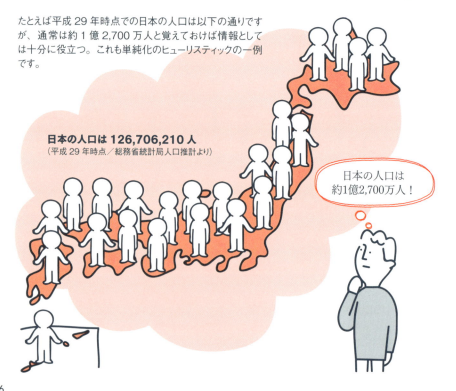

日本の人口は 126,706,210 人
（平成29年時点／総務省統計局人口推計より）

日本の人口は約1億2,700万人！

56

しかし、物事を単純化して最終的な意思決定を行おうとしたとき、結局、どの情報が役に立つのか、役立たないのかがわからないまま、考えが堂々巡りになってしまうことがあります。単純化のヒューリスティックは、合理的な判断に行き着く手法の一つではありますが、いつも正しいとは限りません。判断のミスを防ぐためには、何が重要な要素で、何が重要な要素でないかを冷静に分けて考えるとよいでしょう。

メジャーファクターとマイナーファクター

意思決定時に大切なのはメジャーファクター（重要性の高い要因）とマイナーファクター（さほど重要ではない要因）を分けることです。

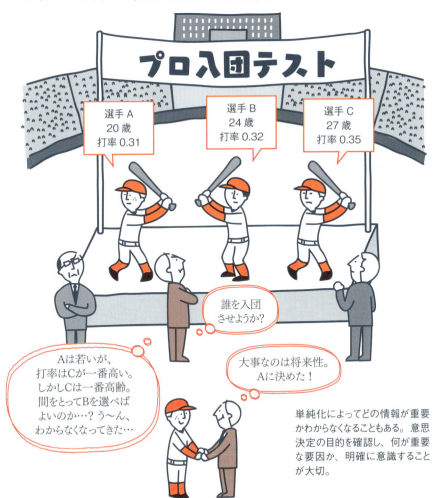

単純化によってどの情報が重要かわからなくなることもある。意思決定の目的を確認し、何が重要な要因か、明確に意識することが大切。

KEY WORD ✓ **情報の利用可能性①**

行動経済学の"いろは"
03 意思決定を左右する情報の利用可能性

情報の利用可能性には二つの種類があり、一つを「物理的利用可能性」、もう一つを「認知的利用可能性」といいます。

当たり前のことですが、私たちが意思決定をする際には、情報に頼ります。その場合、利用できる情報ほど、過大に評価される傾向があります。これを"**情報の利用可能性**"と言います。新聞や雑誌、TV、インターネットなどで誰でも入手できる情報は、"物理的な利用可能性"の高い情報です。一方、私たちの認知が、情報の利用可能性を左右することもあります。自分の記憶の中に鮮明に残っている情報や、比較的最近知った情報は思い出しやすいでしょう。これを、"認知的な情報の利用可能性"と言います。

二つの情報の利用可能性

●物理的な利用可能性

基準
物理的に入手可能、あるいはアクセスしやすい情報。

例
インターネットHPなどに掲載される情報。新聞、TV、雑誌などで入手可能な情報。それぞれの個人にとって、入手の可否にほとんど差異がない情報。

●認知的利用可能性

基準
自分の記憶に、強く、鮮明に残っている情報（新しく入手した情報など）。

例
それぞれの個人の記憶や知識。人間は意思決定を行う場合、記憶している情報に頼ることが多い。

認知的な情報の利用可能性に関しては、私たちの"感情"からも影響を受けます。気分が晴れやかなときは、プラスの印象の強い情報が呼び起こされがちです。逆に、気分が暗く、ふさぎ込んでいると、気持ちもよどんでしまいます。このように、私たちがどのような情報を使っているかは、そのときの環境、気分などに左右されがちです。そのため、常に、あるべき、合理的な意思決定がなされるとは限らないのです。

何が必要な情報かを考えることが大切

すべての情報が、すべての人に平等に利用可能ということはありえない。情報を入手するにもさまざまな制約がある。

● 投資家の場合

多くのトレーダーやファンドマネージャーは、スマートフォンのアプリ上やトレーディングデスクのモニターを確認し、いつでもどこでも市場動向を確認できる。それができるか、できないかの差は大きい。そのためには相応の費用がかかる。

● 企業の場合

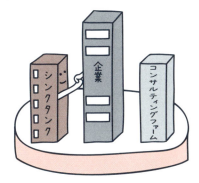 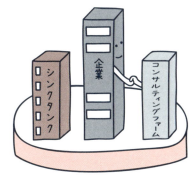

企業の場合、調査の予算にも限りがある。シンクタンク（総合研究所）やコンサルティングファームと契約するにも、世界中のすべての調査会社と契約するわけにはいかない。また、調査会社の能力や得意分野も異なる。どのような情報が必要か、冷静に考えることが大切。

KEY WORD ☑ 現状維持バイアス

行動経済学の"いろは" 04

今あるものに大きな価値を見出す心理

私たちには、新しい物事や試みよりも、現在の状況を維持したいと思う心理的傾向があります。これを「現状維持バイアス」と呼びます。

現状維持バイアスとは、すべて物事は**今あるままにしておこうとする傾向**をいいます。これまでにはなかった新しい取り組みを進め、従来よりも、より大きな満足度や経済的な価値を得られたとしても、私たちはそれを過小評価してしまいがちです。言い換えれば、私たちは、新しい取り組みがもたらす不利益のほうに焦点を当て、「これまでのやり方でうまくいっているのだから、なぜ変えないといけないんだ」と考え、昨日と同じ取り組みを今日も明日も、ずっと続けたほうが良いと考えがちです。

人は現状を維持したがる

人は現状維持を好む傾向がある。その背景には、これまでと違う状況を選ぶことへの不安やストレスを避けようとする心理が働いている（損失回避）。

右の道のほうが近道かもしれないけど、一度も行ったことない。カーブがきつそうだし、スピードが落ちてかえって時間がかかるかも。やめておこう

左の道は行ったことないけど、慣れている道で行こう

人は現状の行動様式や考え方を変えることに心理的ストレスを感じる（損失回避）。それよりも慣れ親しんだ抵抗感の少ない行動様式を優先してしまいます。これが常に合理的であるとは限りません。

やっぱりいつも使っているこの道が一番いいな。慣れている＝不安やストレス、違和感が少ない

一つ例を挙げてみましょう。わが国の電機メーカーが競争力を低下させてしまったのは、過去の成功体験に浸って、カラーテレビなど従来と同じ規格の完成品を作ればよいという考えに固執したからでしょう。また、現状維持バイアスは、特定のブランドを使い続ける人々の心理にも影響を与えます。毎回、同じ銘柄のビールを飲むのはそのよい例です。このように、現状を維持したいという心の働きへの着目はマーケティングにおいても活発に利用されています。

日々、いたるところに現状維持バイアスの罠がある

とにかく、私たちは損失を避けたい。それが人情。それが現状維持を優先する心の働きを支えている。

one point
保有効果

現状維持バイアスの背景には、人はすでに持っているモノなどを高く評価したがる傾向がある。これを保有効果という。その意味は、財などへの評価は常に一定ではないということ。たとえば株を保有している人は、その株を買いたい人が想像する価格よりも高い値段で売りたがる。

KEY WORD ☑ 初頭効果①

行動経済学の"いろは"
05 「見た目が9割」は本当か？

私たちは第一印象で人や物事を判断してしまいがちです。この心理的傾向を「初頭効果」と呼びます。

昔、「人は見た目が9割」という話を聞いて、確かにそういうことは多いと納得したことを覚えています。ニコニコした人だと、「この人はいい人のようだ」との印象が強くなりやすいでしょう。反対にしかめっ面をしている人は「なんだか怖そう」と思い、話すときにもおっかなびっくりになってしまいがちです。これは、**"パッと見"の印象**が私たちの認知に**決定的なインパクト**を与える可能性を示しています。これが初頭効果です。

"見た目が重要"は本当か？

人の"見た目"は、相手に与える第一印象に大きな影響力を持っています。

ことわざで表せば、初頭効果は、"三つ子の魂百まで"です。人間は小さいときの経験や、過ごした環境によって、人格が形成され、それが一生、ついて回るといわれています。一度形成された人格は、簡単には変わらないということです。このように人間の頭にははじめにインプットされた情報が残ることが多いと言われており、インプットされた情報を時系列で並べると、初期段階で覚えた情報が頭の中でより重要性を発揮することがあります。

人は最初に得た情報の影響を受けやすい

人の人格は幼年期の環境やインプットされた情報によって形作られる。

最初のほうにインプットされた情報が、あとに入ってきた情報よりもより大きな影響を与えやすい。

KEY WORD ☑ 初頭効果②

行動経済学の"いろは" 06

テストの点が悪かったとき お父さんにどう報告する?

「良い情報」と「悪い情報」、どちらを先に伝えるかによって、相手の感じ方には大きな違いが生じることがあります。

初頭効果は、読んで字の通り、最初（はじめのほう）に伝えられた情報が、判断や意思決定により大きな影響を与えるということです。よくあるケースを考えてみましょう。小学生の勉君が、学校でテストを受けました。算数は80点、国語は55点でした。お父さんからは「テストで頑張ったら、おもちゃを買ってあげる」といわれています。さて、どのように伝えれば、おもちゃをゲットできるでしょうか。

情報を聞いた順番で印象が変わる

初頭効果のヒューリスティックに従えば、勉君は「算数はとても頑張ったから 80 点だったんだ。みんな難しかったって言っていた。国語も頑張ったけど、算数の勉強に時間を使ったから 55 点だった。でも平均点並みだった」と伝えるべきでしょう。そうすれば、めでたくお父さんからお褒めの言葉をもらえるでしょう。反対に「国語がねぇ、頑張ったんだけど 55 点……」と最初に言おうものなら、お父さんは怒り心頭になってしまうかもしれません。

意思決定に影響を与える初頭効果

どちらも冷静に考えると違いはないのですが、初頭効果によって印象が変わってしまいます。

KEY WORD ✓ 親近効果

行動経済学の"いろは" 07

最新の情報が意思決定を左右する

初頭効果とは逆に、新しい情報ほど印象や記憶に残る場合もあります。これを「親近効果」と呼びます。

初頭効果とは逆に、あとから出てきた情報、あるいは最新の情報が記憶に鮮明に残っていることは少なくありません。たとえば、小さいときに何をして遊んでいたかは思い出しづらいが、最近したことはよく覚えているというのは、多くの方が実感されることだと思います。そして、私たちは最新の情報ほど思い出しやすく、古い情報はなかなか思い出せないものです。これを**親近効果**と呼びます。

日常に見られるさまざまな親近効果

人は最後に出てきた情報、つまり、最新の情報に影響を受けて物事の判断をしてしまうこともあります。

66

受験勉強で単語帳を使って英単語を覚えているとき、最後のほうに出てきた単語は覚えているが、最初に出てきた単語は何だったか思い出せないというのも親近効果が働いた例です。テストの前の晩の"一夜漬け"が効果を発揮するのも、親近効果の一つの例でしょう。このように、新しく知った情報、学んだ内容が、私たちの記憶に残りやすく、意思決定にも相応の影響を与えることが知られています。

最新の情報が意思決定に影響を与える

Aさんは新型の自動車を買おうか、どうしようか悩んでいます。搭載されているエンジンの燃費効率、走行性能など、旧型や他のメーカーの競合モデルとの違いを詳細に調べました。

KEY WORD ☑ ハーディング現象①

行動経済学の "いろは"
08

なぜ人は"ブーム"に乗ってしまうのか？

人は一人よりも大勢でいることに安心感を覚えます。巷のブームの陰にも、このハーディング現象（群集心理）が働いています。

ハーディング現象とは、一人ではなく、群れをなしたい私たちの心理がもたらす現象をいいます。**群集心理**とも言います。30頭ほどの羊の群れが、道をとぼとぼと歩いています。すると、群れはYの字の形をした分かれ道に来ました。おもむろに一頭の羊が右の道に歩みを進めました。それにつられるかのようにして、その他の羊の群れが、その一頭のあとをついていきました。動物に限らず、私たち人間も、一人よりも、その他大勢と一緒に行動することにより大きな安心感を持ちます。

人と羊は一緒？

左にも道があるのにみんな先頭の羊についていくんだね

■ 私たちは群れたがる

群れをなした羊は、先頭の羊についていく習性があります。これと同じ心理的傾向が私たち人間にもあります。

なぜ、一頭の羊が右に曲がり、残りの羊がそのあとについていったかは、わかりません。それを同じように、みんながやっていることに気持ちがとらわれてしまうと、気づかないうちに他の大勢の動きに巻き込まれてしまいます。人は群れをなすことに安心感を持つのです。昔、子どもたちの間で"たまごっち"というゲーム機が流行りました。そのとき、多くの子どもが、みんな持っているから欲しいと口にしていたのは、群集心理の表れと言えます。

KEY WORD ☑ アンカーリング

行動経済学の"いろは" 09
「ピザって10回言って」の仕掛けとは？

最初にインプットされた情報が、錨のように心の働きをコントロールしてしまうことを「アンカーリング」と呼びます。

海洋上で船を泊めるとき、海流に流されないようにアンカー＝錨をおろします。私たちの心の中にも、最初にインプットされた参考となる情報が、錨のように心の働きをコントロールしてしまうことがあります。これが**アンカーリング**です。たとえばアンケートで「将来に希望を持っていますか」という質問と、「将来に不安はありますか」と聞く場合、回答にはかなりの違いがあるでしょう。後者の聴き方をすれば、おそらく回答者の多くが悲観的な考えを示すことが考えられます。

いつの間にかインプットされ判断を乱す心の錨

いつの間にか錨はおろされている

アンカーリング（心の錨）

心におろされた錨
無意識のうちにインプットされた情報が「アンカー（錨）」となり、知らず知らずのうちに意思決定に影響を与えてしまうことがあります。

子どものとき、ある友人から「ピザって10回言って」と言われたことがあります。言われた通り、私はピザと10回言いました。そのあと友人は肘を指さし「ここはなんていうの」と聞いてきました。自信満々に、私は「ヒザ！」と言ったとたん、なんだか恥ずかしい気持ちになったのを覚えています。これは、アンカーリングが影響をした良い例と言えるでしょう。

アンカーリングは人の心に大きな影響を及ぼす

KEY WORD ☑ コントロールへの欲求

行動経済学の"いろは"
10
失敗は他人のせい、成功は自分の手柄

私たちには、周りの状況を思うようにコントロールしたいという欲求が潜在的にあり、それが心理や行動にも影響を及ぼします。

コントロールへの欲求とは、周りの状況を思うように動かしたい、コントロール（支配）したいという、多くの人が抱いている根本的な欲望です。また、この欲望は集中力に影響を及ぼすことがあります。騒音の中で2つの被験者グループに作業をさせた際、できる限り騒音を止めないという条件付きで騒音を止める権限を与えたグループのほうが、より優れた成果を出したという実験結果が残っています。

コントロールへの欲求は人間の根本的な欲望

騒音の中で作業する作業員たちに騒音を止められるスイッチを渡したら、作業効率がアップしたことが報告されています。環境を自分の意志でコントロールできるという状況は、人の集中力に影響を及ぼすことがわかります。

コントロールには2つのタイプがあります。まず、自分自身に周囲の状況をコントロールする能力があったと考えることが一つ。他方、物事の原因が、他人や外部の環境にあると考えることもあります。前者は成功した場合に当てはまります。後者は、失敗した際の言い訳をイメージするとよいでしょう。成功は自らの手柄にし、失敗（負け）は外部にコントロールされたせいにしたいと思うことは、よくあることでしょう。

コントロールへの欲求がもたらす幻想

成功した場合 / 失敗した場合

成功だー！ / 失敗だー！

成功したのは私にコントロールの能力があったからだ…

失敗したのは外部の人間や自分をとりまく状況に影響されたからに違いない。だから俺のせいではない…

AもBもコントロールイリュージョンに陥っていると言えます

one point
コントロールイリュージョン

コントロールできないことを支配できると考えてしまう人間の思い込みの一種。意思決定に大きな影響を及ぼします。

KEY WORD ✓ **ギャンブラーの誤謬（ごびゅう）**

行動経済学の"いろは" **11**

ルーレットで黒が3回続いた、次は絶対に赤だ！

私たちの予想は、統計学の理論のように理路整然と客観的であるとは限りません。主観で歪められてしまうことには注意が必要です。

特定のことが起きる確率を、自分の主観や感覚で勝手に高く見積もってしまうことを**ギャンブラーの誤謬**（誤り）と言います。特定の事象に対して、導き出される確率が決まっているのにもかかわらず、人はときとしてより高い生起確率を期待してしまうのです。主観的な判断によって客観的な確率を歪めてしまうケースは、ギャンブラーに限らず、投資家もよく陥りがちです。

主観によって確率を高く見積もってしまう

よし、株を買おう！

9営業日連続で株式相場が下がった。明日あたりには上がるはずだ

9日間下がったからといって、次の営業日に株が上がると客観的かつ説得力ある形で論証することはかなり難しい

…にもかかわらず、思い込みなどに基づいて主観的に判断を行ってしまうことは少なくない

カジノを例にとってみましょう。ルーレットで3回続けて黒が出たとします。この場合、直感的に「黒が3回続けて出ているから、次は赤が出るかもしれない」という予測が働くと思います。しかし、ルーレットは1回1回独立して試行が行われるゲームであり、前回の結果が次回の内容に影響を与えることはありません。赤が出るか黒が出るかは、同様に確からしいわけです。こう考えると、次は赤だという判断に、論理的な根拠はありません。これこそが、ギャンブラーの誤謬です。

主観が予測を歪める

もう5回も連続して裏が出ている。次こそは表だ！

今、投げたコイン、裏か表か？

大数の法則に基づけばコインを投げて表が出る確率と裏が出る確率はそれぞれ50%ずつ。この場合はまだ5回しか試行していない。試行回数が少ない中で、結果が偏ることは多いにありうる。

> one point
> ### 大数の法則
>
> 確率論の基本法則の一つ。試行（コイン投げなど）を何回も繰り返すと、回数が増えるにしたがって、事象（表が出る確率）の出現回数が理論で想定される値（1/2）に近づくことをいう。

column No. 03

失敗は成功のもと、の真偽

　失敗は成功のもとと言います。厳密に言えば、なぜ失敗したか、その意思決定のプロセスを一つひとつ確認し、何が誤りだったかを直視して理解することができれば、次はより良い結果にたどり着けるだろうということでしょう。たとえば、企業が思うように収益が上がらない新規事業を継続し、最終的に中止になったとします。その際、その事業を成功させるという社長の思い入れが強すぎたために、早めに手を引くことができず、継続してしまったのではないか？ あるいはプロジェクト担当者が自分の下した判断が正しかったと思い込もうとして、自分の心をごまかして継続してしまったのではないか？ このような可能性を検証し、失敗の原因を究明することが大切です。

　失敗の原因を丹念に探り、理解しようとすることは、自らの能力のなさや課題に直面することにつながるため、どうしても気が引けてしまいがちです。そうした弱さを克服できるかが、"失敗を成功のもと"とするための秘訣かもしれません。

chapter 4

バブルは なぜ起こる？

これまで、世界ではさまざまなバブルが発生してきました。このバブルという現象を説明しようとするとき、行動経済学は役立つ学問の一つです。

KEY WORD ☑ バブル①

バブルって、なに？

バブルは なぜ起こる？ 01

1980年代の日本のバブルをはじめ、これまで多くのバブルが発生しましたが、バブルは伝統的な経済学では説明が放棄されてきました。

バブルとは、株式や不動産などの価格が、理屈で説明できないほどの水準にまで上昇する経済の現象のことです。理屈で説明できないとは、伝統的な経済学で考えられる、あるべき価値（価格）の水準（公正価値、フェアバリュー）を超えて、さらに価格が上昇するということです。バブルが発生すると、多くの人々が利益を手に入れたいとの欲求にかられ、飛びつくようにして、価格が上昇している資産を買おうとします。

どういう状態がバブル？

1985年から1989年の年末まで、日本では株と不動産のバブルが膨らんだ。バブルの歴史をもとに考えると、3年くらいの間に価格が3倍（あるいは4倍）を超えたら、バブルを疑ったほうが良いでしょう。

バブルとは、英語で"泡"の意味です。たとえば石鹸を水に溶かします。石鹸液にストローを入れて、息を吹き込む。すると、ブクブクと泡ができます。あるところまで膨らむと、いきなり泡は"ぱちん！"と、はじけてしまいます。はじけるタイミングを事前に予想するのは難しい。株式などの"バブル"も同じです。株式などの価格が、理屈で説明できないほど、勢いよく上昇し、あるときを境に、暴力的な勢いで価格が急落してしまいます。これが、バブルです。

そもそもバブルとは？

●バブル（=泡）…中身がないのに大きく膨張している状態

●80年代の日本のバブル

地価
バブル景気が続いていた間、東京や大阪などの都市部を中心に、日本各地の土地の価格が急上昇しました。

株価
1985年年央の日経平均株価は、12,800円台でした。1989年の12月末には38,915円（引け値ベース）にまで上昇。その後、急落。

KEY WORD ✓ バブル②

バブルはなぜ起こる？
02 バブルは個人には関係ない？

「バブル」と聞くと怖い印象があるかもしれませんが、バブルとの付き合い方次第で、人生は大きく変わる可能性があります。

バブルは、一人ひとりの人生に無視できない影響を与えます。バブルとうまく付き合うことができれば、資産を増やすことができます。反対に、株価が勢い良く上昇し、周りが「未来永劫、株価が上昇することはまちがいない」と熱狂している状況に巻き込まれてしまうと、高値で株を買ってしまう恐れがあります。これが**高値掴み**です。その場合、バブルがはじける（崩壊する）とともに、大きな損失を抱えてしまうこともあるでしょう。

高値掴みを避けるには

バブルが膨らむ中で、買うから上がる、上がるから買うという強気な相場心理が広がる。それに巻き込まれてしまうと、どうしても高値掴みをする可能性が高くなってしまう。それを避けるには、株価が20％上昇したら売るなど、自分なりのルールを決めておく。

「説明ができないほどにまで価格が上昇した上、いきなり株価などが急落するバブルはこわすぎる」と感じる人は少なくないはずです。ただ、実際にはさほど難しくはありません。株価が大きく下落したときに、タイミングと金額を分けて株を買い、あとは状況が良くなるのを待ちましょう。高値で株を買ってしまうと、損を抱えてしまう恐れが高まります。それは、そのあとの投資に消極的になり、資産を形成するチャンスを逃すなど、人生を左右しかねません。

底値買いのコツ

主な企業の業績や経済成長率などを基に、先行きの経済環境が上向くか否かを考えることが大切。

● **企業の業績を見る**
企業の過去の業績をチェックすることで、その企業が成長しているのかしていないのか、どのようなステージにあるのかなどがわかります。

● **すぐに飛びつかない**
株価が少し下がったからといって、底値はまだまだ先かもしれません。すぐに飛びつかないように気を付けましょう。投資では忍耐も肝心です。

● **市場全体が大きく下げたときに買う**
暴落したときこそチャンス。時間と金額を分散して、大きく相場が下げたところで買うのが望ましいです。

KEY WORD ☑ バブル③

バブルはいつも、どこかで起きている

バブルは なぜ起こる？
03

1980年代後半、「日本の不動産と株式の価格は上昇し続ける」という根拠のない過度な楽観がありました。それがバブルを引き起こしたのです。

バブルは、いつも、どこかで起きています。これまでにも、大なり小なり、理屈で説明が難しいほど株式（金融資産）の価格や、不動産（実物資産）の価格が大きく上昇する場面がありました。バブルが発生するためには"**カネ余り**"と"**成長への強い期待**"が必要です。中央銀行が利下げなどを行い、経済にマネー（お金）を供給します。これが"カネ余り"を発生させます。その中で、「不動産の価格が上昇する」などの"期待"が高まり、価格が上昇し始めます。すると、買いが買いを呼んで、強気な心理が増え、価格がさらに上昇します。これがバブルにつながります。

キーワードは"カネ余り"と"期待"

景気の悪化を防ごうと中央銀行が利下げを行うと、市中にお金が出回り"カネ余り"状態に。すると成長への過度な期待が膨らみ、過剰なまでに先行きに強気な心理が高まることがあります。

中央銀行が利下げを行い、景気の下支えを狙う。

供給された資金が設備投資などに回ればよいが、なかなかそうはいかない。

"カネ余り"からリスク資産に資金が流入。価格の上昇が、多くの投資家のリスクテイクを促す。過度な成長への期待がふくらむ。

根拠なき楽観の中で、買うから上がる、上がるから買うというサイクルが生まれる。株や不動産への投機ブームが発生しバブルに。

資産価格の上昇間違いなし！

今のうちに土地や株に投資しよう

大きなバブルの見極め方を示しておきましょう。価格が上昇し始めてから、数年の間で、株価が数倍に上昇した場合、バブルが膨らんでいる可能性があります。1985年年初、日経平均株価は 11,000 円台でした。それが 1989 年年末には、38,915 円 87 銭まで上昇しました。これがバブルです。当時、「日本の不動産と株式の価格は未来永劫上昇し続ける」という、神話とでもいうべき強い期待がありました。重要なことは、価格が上昇すると多くの人が信じてしまうことです。それが、常に理にかなったものとは限りません。

KEY WORD ☑ アノマリー

バブルは
なぜ起こる？
04 行動ファイナンスで考えるバブル

行動経済学を主に金融分野に応用した理論を「行動ファイナンス」と呼びます。現代の金融市場を分析する上で欠かせない理論です。

行動経済学の一分野である"行動ファイナンス"では、私たちの心の働きに注目します。そのため、バブルを、"例外的な事象＝アノマリー"とは扱いません。実際、株式などの価格は、私たちの期待や考え方に影響されます。投資家が10人いれば、公正・適正と考える価格の水準は10通りある。まさに、十人十色の考え方です。一定期間での収益の確保を求められている投資家の責任、群集心理の影響などを考えることで、行動ファイナンスは、バブルを説明することに役立ちます。

株価は人々の思惑によって動き続ける

投資家が10人いたとしたら、10人それぞれの考え方がある。事件や買収の噂など、ちょっとしたきっかけが群集心理に影響し、突然の株価の高騰や暴落を引き起こすことも。

伝統的な経済学では、資産には理論的に導き出される公正な水準があると考えます。"一物一価"の法則では、一つのものの価格は一つに決まると考えます。フェアバリュー（公正価値）は一つということです。その水準を上回ることは、考えられません。私たちは合理的であり、市場が効率的である。だから、バブルはアノマリーとして扱われてきました。しかし、行動ファイナンスの理論を基に考えると、**バブルは決して例外的な事象ではありません。**

KEY WORD ☑ プロスペクト理論

損失を避ける心の働き

バブルはなぜ起こる？ 05

私たちは、"利益をなるべく早く確定し、損は先送りしたい"と考える傾向があります。この心理を説明したのが「プロスペクト理論」です。

行動経済学の核をなす理論が"**プロスペクト理論**"です。その意味は、"私たちは利益をなるべく早く確実なものにしたい。一方、損失は先送りしたい傾向がある"ということです。投資の行動には、"値上がりした株はすぐに売り、利益を確定しがちである。一方、値下がりした株はすぐに売って、損を確定することができない。事後の改善を祈って、株を持ち続ける"というバイアスがあります。利益が出ているか、損が出ているかによって、私たちの行動には違いが出ます。

投資家の心理

不合理な投資家の心理は、プロスペクト理論で説明できる。

値上がりしたとき
利益が出ている場合、人は発生している利益で安易に満足して、それ以上のリスクを取りたくないと考えがちです。

値下がりしたとき
損失が出ている場合、人はリスクに対する許容度が大きくなり、なかなか損切りができなくなります。

損切りが難しいのは、「この株は上がると思ったから買った」という認知が、"値下がり"という認知と対立するからです。それを解消するために「そのうち上がる」と都合よく考え、事後の改善を待ちます。しかし、バブルが崩壊すると、都合よく考えて認知的不協和を和らげる間もなく、暴力的な下げ相場が投資家を襲います。そのため、パニックを起こした投資家の投げ売りが投げ売りを呼び、株価が暴落します。

投資家心理とバブル

●単なる値下がりの場合

通常、損失が発生しても事後の改善を期待し、なかなか損切りができない。

●バブル崩壊の場合

売るから下がる、下がるから売るの連鎖が起きて、相場下落への恐怖心理が市場を覆い、売れるものはすべて売ってしまえと投げ売りが市場全体で発生する。

KEY WORD ☑ **価値関数**

バブルは
なぜ起こる？
06 儲けの喜びと、損の悲しみは非対称

儲けたときの喜びと、損をしたときの悲しみは、それがどれぐらいの大きさであるかを曲線で表した「価値関数」で示されます。

"**価値関数**"は、損と儲けのはざまで揺れる心を的確に表します。価値関数は横軸に相対的な利益（株価がいくら上昇、下落するか）をとります。縦軸は主観的な（自分が感じる）価値（満足感）を示します。原点を"**リファレンス・ポイント**（参照点、物事を判断する基準の点）"と呼びます。利益が発生し価値もプラス（第1象限）の領域でも、損失が発生し価値がマイナス（第3象限）の場合も、参照点から離れれば離れるほど、物事への感じ方は小さくなっていきます。これを"感応度の逓減"と言います。

儲かったときの喜びと損をしたときの悲しみ

500円という価値の大きさは一緒でも、

同じ

500円を儲けた喜びと、500円を損した悲しみの心理的インパクトは違う

第1象限と第3象限でのグラフの形状を見ていただくと、一単位の損失と利益が増えた場合の価値の変化では、損失が一単位増えたときのほうが、感応度が大きいことがわかります。私たちは利益の増加よりも損失の増加に敏感に反応するのです。これが"損失回避"です。1,000円を手に入れた場合と、なくした場合では、儲けの喜びよりも、損の悲しみのほうが3〜4倍大きいといわれています。

価値関数

以下の価値関数のグラフで表される通り、人間は「損失を避けたい」という意識が強い。行動経済学では、これを損失回避傾向と呼ぶ。

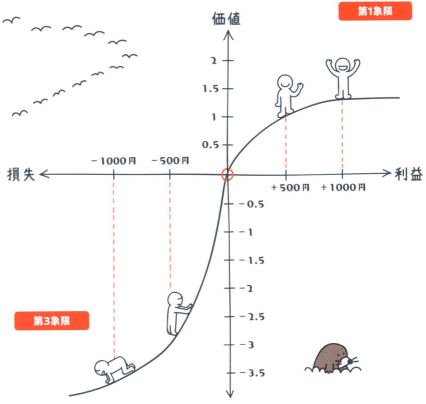

注）数値はイメージ

KEY WORD ✓ リスク回避

バブルはなぜ起こる？ 07 FX取引をやっていますが全然儲かりません

「FX取引に挑戦したけど、なかなか儲からない」という人が多いようです。それは、以下のような心理が働くためだと考えられます。

プロスペクト理論に関する実験では、**利益が出ている局面と、損失が出ている局面では、リスクのとらえ方が変わる**ことが報告されています。利益が出ている場合、私たちはリスク（不確実性、予想と異なる結果のこと）を避けようとします。100円で買ったものが120円に上昇し、20円の評価益が出ているのであれば、利益の確定を優先して、価格が下落するリスクを避けようとするのです。反対に、値段が80円に落ちると、事後の改善を祈り、人はリスク愛好的になります。

FXはハイリスクの取引

●株価の場合
PERやPBRといった指標によってある程度の理論値が導き出されるため、おおよそのフェアバリューは算出可能。

●FXの場合
為替レートは短期的な変化率が大きく、プロでも相場動向の予想はかなり難しい。

注）株式会社と外国為替レートのリスクに関しては、今なおさまざまな見解がある

これは外国為替証拠金取引（FX）で、たくさん売買を繰り返すのに、利益が思うように積みあがらない状況を考えることに役立ちます。ドルと円、豪ドルと円などを取引する外国為替の市場は、もともと値動きが激しい（ハイリスク・ハイリターン）のマーケットです。そのため、少しでも利益が出ると、利益を確定したいという気持ちが強くなりがちです。一方、想定外に為替レートが下落して評価損が発生してしまうと、損切りが難しくなります。

FXで儲けるのは難しい？

こうした取引を続けると損失が大きくなりがち。

- 20円上がった！確定だ
- 30円上がった！確定しよう
- 20円上がってるぞ…
- 80円下がった。損で終わるのはイヤだからもう少し様子を見よう
- 90円下がっている！ここで確定すると損してしまう…

…to be continued

one point

鏡映効果

利益が出ているときはリスク回避的になり、損失が出ているときはむしろリスク愛好的になります。つまり、利益の出ている局面から損失の出ている局面に変わると、意思決定の仕方はまるで鏡に映したように正反対になります。

KEY WORD ☑ 心は「言い訳」上手

バブルは
なぜ起こる？
08

失敗すると、いつも言い訳を探してしまう

人は「自分の決定は正しい」と信じたいもの。「失敗したかも？」と思ったときに生じる心理的葛藤を、認知的不協和と呼びます。

私たちが何かの行動をとるとき、自分の決定は正しいと信じたいものです。「きっと株価は上昇するはずだ」と信じたにもかかわらず、実際には株価が下がっている。このとき、心の中では、上昇への期待と、株価が下落しているとの認知が対立しています。これを、"**認知的不協和**"と呼びます。私たちの心の中で認知的不協和が起きると、それを直視しなくて済むように、「市場が間違っている」というように、自分に都合のよい言い訳や解釈を探します。

株取引における認知的不協和の例

勉強など多大な労力を割いた場合、人は思い入れが強まり、失敗を認めたがらなくなる傾向があります。想定と異なる展開に直面すると心の中の葛藤が大きくなり、責任転嫁をしがちになります。

心は言い訳が上手です。なぜなら、私たちは、失敗を認めたくないからです。失敗は、自分の誤りを認めることになります。それではプライドに傷がついてしまいます。損失が発生すると、価格の下落に、失敗は認められないという心理的なプレッシャーが上乗せされ、そのため、1,000円の利益よりも、同額の損失のインパクトが大きくなってしまいます。損失を出さないために、状況を都合よく解釈し、事後の改善を待つ。それが人情です。

日常の中の認知的不協和の例

認知的不協和を回避するために、人はあること（モノ）を選択しなかったことに関するポジティブな情報を、ネガティブなものへ変化させたりします。

KEY WORD ☑ 決定の重みづけ

バブルは なぜ起こる？ 09 人はなぜ、宝くじを買ってしまうのか？

私たちは、主観によって確率を歪めて考えがちです。宝くじを買ってしまう心理は、「決定の重みづけ」で説明できます。

"**決定の重みづけ**" は、プロスペクト理論を支える重要な考えです。決定の重みづけのグラフは、横軸に"客観的な確率"をとります。それは、統計学などの理論に基づいて得られた確率を考えればよいでしょう。縦軸に"決定の重み"をとります。これは、主観的な評価で修正された確率のことです。グラフ全体の印象として、小さな確率が過大評価され、高い確率が過小評価されています。これが、宝くじの当選を夢見る心理を表しています。

日常の中の決定の重みづけ

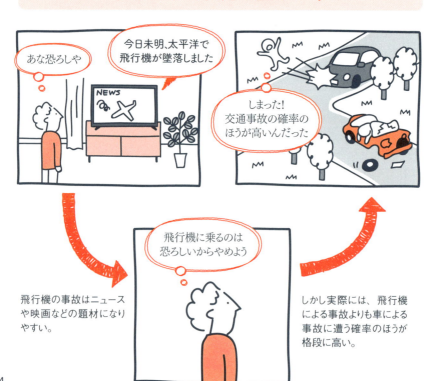

飛行機の事故はニュースや映画などの題材になりやすい。

しかし実際には、飛行機による事故よりも車による事故に遭う確率のほうが格段に高い。

より詳しく、決定の重みづけのグラフを見てみましょう。損失の場合と利益の場合に分けて考えると、損失が出ている場合は低い確率への過大評価は小さく、高い確率への過小評価が小さくなっています。一方利益が出ている場合は、低い確率が過大に評価されていることがわかります。一方、高い確率への過小評価は大きくなっています。このように、私たちは主観によって、確率に重みを加えて評価しています。

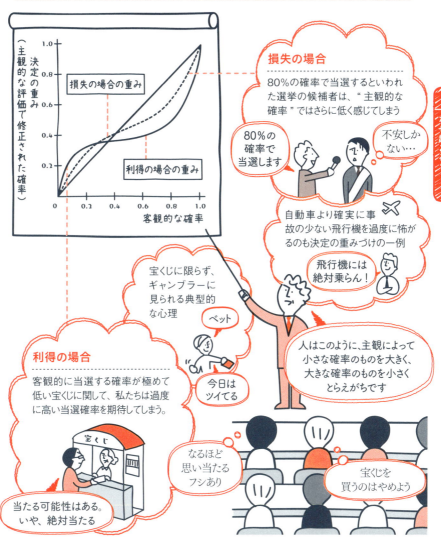

KEY WORD ☑ 仮想通貨

バブルはなぜ起こる？ 10
"億り人"──ビットコインブーム考

人が経済活動や経済的取引を行う限り、バブルが発生する可能性は常にあります。近年のビットコインブームも、その一例と言えます。

2017年の仮想通貨市場は、"バブルはいつも、どこかで起きている"ことを確認する、うってつけのケーススタディです。2017年の年初から年末までの間に、**仮想通貨**の代表格である"**ビットコイン**"は1,000ドルから20,000ドル近くまで大きく上昇しました。短期間で価値が大きく上昇したのは、ビットコインの有用性に加え、その価値の上昇を信じて疑わず、何としても買いたいと思う人が増えたからでしょう。その結果、ビットコインで1億円を上回る儲けを手にする"億り人"が登場しました。

ビットコインの仕組み

私たちが普段使っている貨幣（現金）は政府・中央銀行が発行・管理します（法定通貨）。しかし、ビットコインには公的な管理主体が存在しません（ビットコインは法定通貨ではない）。

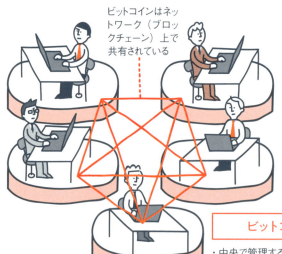

ビットコインはネットワーク（ブロックチェーン）上で共有されている

ビットコインの特徴
・中央で管理する国や銀行が存在しない
・すべての取引履歴を共有して信頼性を担保
・手数料が低く送金スピードが速い

2018年に入ると、ビットコインの価値は急落しました。さまざまな理由が考えられますが、高値への警戒感から売りが出始め、売りが売りを呼んで、価値が急落した側面が大きいように思われます。重要なことは、人気の沸騰（需要の増加）が、価値を急騰させ、バブルにつながる可能性があることです。特に、ビットコインのように公正価値の算出が極めて難しいものでも、バブルが発生し、私たちの行動に影響を与えることがあります。

需要の急激な増加がバブルを生む

● 17世紀オランダで発生した「チューリップバブル」

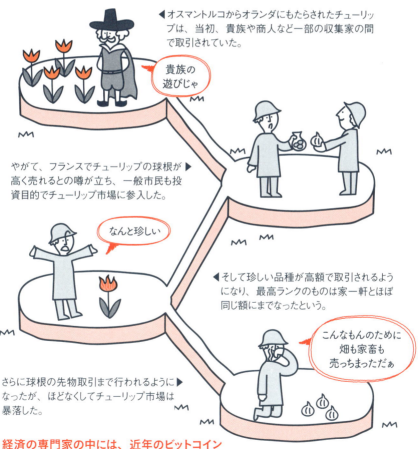

経済の専門家の中には、近年のビットコインブームを「まるでチューリップバブルのようだ」と評した人もいます。

column

No. 04

投資の必勝法はありますか？

「これをやれば必ず儲かる、絶対に損はしない、そういう投資の方法はありますか」と質問されることがあります。答えは、ありません。投資の鉄則はあります。それは、価格が安いときに買い、高いときに売ることにつきます。どうするかといえば、株価などが急落したとき、バブルが崩壊したときに買うのです。

それでも、いつの時代にも、投資の必勝法に類する内容をうたう本は多く見受けられます。そのニーズ（需要）があるということでしょう。つまり、私たちは、損はしたくない。だから、必ず儲かるというメッセージに弱いのです。これはいつの時代も変わることはないと思います。

特に、相応のバブルが膨らんでいると考えられる場合、それまでは投資に関するテーマを扱ってこなかった女性向け雑誌などで、投資の必勝法を伝授する特集が組まれたり、そうしたセミナーが増えることがあります。それは、高値につられて投資を始めようとする人が増えているサインかもしれません。

chapter

生活に役立つ
行動経済学

心理学を応用した行動経済学は、
"気づき"の学問でもあります。
行動経済学の理論は、私たちの日常でも
幅広く応用することができます。

KEY WORD ☑ 初頭効果（応用編①）

生活に役立つ行動経済学 01
内容より、見せ方が大事って本当？

見た目や話し方など、ビジネスシーンはもとより、普段の生活の中でも初頭効果は大きな影響を与えています。

初頭効果とは、一番はじめの印象が大切ということです。与えられる情報の量が増えていくと、集中力が薄れ、あとから伝えられた情報には大きな注意が向けられないと考えられています。これは、人と話をする際に強力な効果を発揮するでしょう。**伝えたいことを、一番に話す**のです。そのほうが印象に残りやすい。印象に残れば、期待した通りに相手が動いてくれる可能性が高まります。

就活生の第一印象はとても大切

人の第一印象は"パッと見"で決まると言われています（諸説あり）。

●初頭効果を高める5つのポイント

人の見た目では、以下の5つの要素がもっとも人に印象を与えると言われています。これは就活生だけでなく、営業など人と接することの多い職業でも同様です。

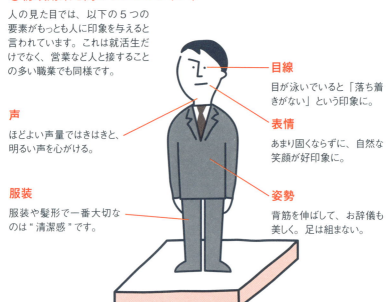

声
ほどよい声量ではきはきと、明るい声を心がける。

服装
服装や髪形で一番大切なのは"清潔感"です。

目線
目が泳いでいると「落ち着きがない」という印象に。

表情
あまり固くならずに、自然な笑顔が好印象に。

姿勢
背筋を伸ばして、お辞儀も美しく。足は組まない。

就職活動をしている大学生と話していると、彼らが"見た目"にかなりの注意を払っていることがわかります。彼らの関心は、茶色くしていた髪の毛を黒くする、ピアスの穴を目立たなくするだけではありません。企業を訪問するときにビジネス向けのリュックサックはふさわしいか否かなど、新聞でも取り上げられています。パッと見で「この学生大丈夫か」と思われたくはない、初頭効果は日常の生活の一コマにも大きな影響を与えていることがわかります。

セールスも初頭効果が重要

営業マンは会社の顔と言われる通り、初頭効果がもたらす営業マンのイメージは、商品や会社にも大きな影響を与えます。

●初対面の挨拶　　　　●商談の切り出し方

初対面の挨拶は明るく弾んだ声で。第一印象で好印象を与えられれば、相手はあなたの「良いところ」を探すようになります。

商談の最初に、相手にとって商品がどれだけ有効なのかというメリットを伝えると、相手ももっと聞きたいと思ってくれるでしょう。

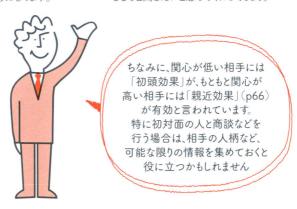

ちなみに、関心が低い相手には「初頭効果」が、もともと関心が高い相手には「親近効果」(p66)が有効と言われています。特に初対面の人と商談などを行う場合は、相手の人柄など、可能な限りの情報を集めておくと役に立つかもしれません

KEY WORD ☑ 初頭効果（応用編②）

生活に役立つ
行動経済学
02

個人の投資家が
企業の業績を判断する例

初頭効果は、人に与える印象ばかりでなく、自らの意思決定の際にも影響を及ぼす可能性があります。

初頭効果は人とのコミュニケーション以外にも、生活の多くの場面で私たちの意思決定に影響します。個人の投資家が、株に投資するケースを考えてみましょう。「A社は売り上げが50％増えたが、利益は前年度よりも少なかった」と、「A社は利益が前年度よりも少なかったものの、売り上げは50％増えた」といわれる場合、どんなイメージを持つでしょうか。売り上げが増加したことを最初に説明している説明のほうに、良い印象を抱くことが多いと思います。

個人の投資家は企業の業績をどう考えるか？

内容は同じでも、初頭効果によって違う印象になってしまう場合があります。

人は最初に聞いた情報の印象を受けやすく、そのあとに続く情報には注意が散漫になる傾向があります。

初頭効果によってA社は良い会社だと思い始めると、その株を買いたい気持ちは強まるはずです。利益が減少している原因を、十分に確認しないまま余計に株を買い、後々、損を出してしまうことはよくあります。このように、私たちの生活の中では、初頭効果によって意思決定が影響される可能性があることは認識しておいたほうが良いでしょう。それは**判断のミスを減らす**ことにつながります。

国をも動かす"印象"の威力

印象の力が、企業どころか国をも動かしてしまう場合があります。1960年の米国大統領選挙では、共和党のニクソンと民主党のケネディとの間で大逆転劇が演じられました。

◀選挙戦は拮抗していましたが、上院議員のケネディより、現職の副大統領であったニクソンのほうが、知名度や経験などからやや優勢と見られていました。

しかしTVでの公開討論の際、ニクソンはメーキャップを拒否、一方、ケネディはテレビ映えするメーキャップをして「若く活力あふれるリーダー」という印象を植え付けました。▶

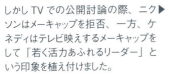

◀結果、そのときの印象で選挙戦の行方は一変してケネディが勝利、第35代米国大統領に就任。またこの選挙戦は、TVの重要度が認識された大統領選でもありました。

KEY WORD ☑ 単純化（応用編①）

生活に役立つ行動経済学 03
プレゼンでは伝えたいことを一つに絞る

物事を大雑把にとらえる「単純化」の手法は、ポイントを的確に相手に伝える際に役立ちます。

単純化とは、"わが国の経済規模は、だいたい500兆円"というように、物事を大雑把に、大くくりに掴むことです。これは、重要なポイントを見逃し、誤った判断の原因になることがあります。同時に、単純化の働きに注目することで、言いたいことを、的確に相手に伝えることができます。特に、プレゼンテーションを行う際には、伝えたいことを一つに絞る"一点豪華主義"が有効だと思います。

"単純化"によるプロモーションの例

単純化は、文字や言葉による情報ばかりでなく、ビジュアルによる手段でも力を発揮します。

文字情報が多い

伝えたい情報が文字ばかりだと、受ける側は「何が一番大切なポイントなんだろう」と相手の主張を理解することに腐心し始めます。これは、受け手のストレスにつながります。

映像で見せる

受け手の直感に訴えるためには、映像などビジュアルを用いたプロモーションのほうが効果的な場合もあります。

景気が良いということを相手に伝えたいとしましょう。景気を構成する要素を考え始めると、株価、雇用、企業の業績、所得など、きりがありません。いろいろなことを考え始めると、それを全部伝えなければならないという思いが強くなりやすいことも確かです。一方"景気が良いことはGDP成長率がプラスであること"と**論点を絞る**とどうでしょう。GDPとは何かを説明し、実際にどうなっているか、具体例を混ぜて話すことで、聞く人の理解度をより良いものとすることができるでしょう。

景気の認識の仕方と単純化の関係

プレゼンの際には、論点を絞ることが要求されます。そうすることで、受け手によりわかりやすく、短く要点を伝えることができます。

●単純化を用いないと

●単純化を用いると

KEY WORD ☑ 単純化（応用編②）

生活に役立つ行動経済学 04

最後は直感、これって正しい？

前ページで解説した通り「単純化」は誤った判断の原因となる可能性もありますが、最後は"直感"に頼らざるを得ないこともあります。

私たちが意思決定をする際、誰もが良い結果を出したいと思い、時間と労力をかけて準備をします。でも、いざ、実行するか、しないかを決めるとなると、"**最後は直感**"というように、論理性よりも、気持ちの部分が重要と思えることは少なくありません。2018年6月19日には、フリマアプリ大手のメルカリが上場しました。その株を買ったかどうか、あるベテランマネージャーに聞きました。「いろいろと調査したけど、最後は直感に基づいて買った」とのことでした。こうしたケースは少なくありません。

論点を絞る

この例は、いろいろ調べても、最後は直感に頼って意思決定が行われている良い例です。メルカリの成長への期待は高いといわれてはいますが、本当にそうなるかはわかりません。個人であれ、企業であれ、新しい取り組みを進め、その結果を的確に予想することはできません。そのため、最後は直感に頼らざるを得ない部分がどうしても出てきます。その際、判断ミスの余地を少なくするためには、準備を怠らず、できるだけ、わからないことを減らすしかないのです。それが、直感に頼った判断の結果を左右すると思います。

最後は直感に頼らざるを得ないこともあるが……

■ 常に合理的にはいかない

企業も個人も経済活動を行う上で、失敗や無駄のない"常に合理的な意思決定"を行うことは不可能。失敗を減らすためには、より多くの情報・データをもとにさまざまな可能性を精査するしかない。

KEY WORD ☑ 穴馬バイアス

生活に役立つ行動経済学 05
大穴を狙う心理

競馬では、穴馬（レースに勝つ確率が低いとされる馬）への賭けが、客観的な確率と比較して多くなることが知られています。

発生する客観的な確率が低いことに対して、私たちは過度な期待を抱いてしまいます。競馬では、この傾向が良く表れるといわれています。競馬では、レースに勝つ確率が低いと考えられている馬のことを"穴馬"と呼びます。この穴馬への賭けがかなり多くなることが知られています。これが**穴馬バイアス**です。一方、本命の馬への賭けは、客観的な確率に比べて人気が少ない傾向が知られています。これは、"決定の重みづけ"が確認できる良い例です。

穴馬バイアスの心理①

馬券を購入する人たちの間では、しばしば穴馬（レースで勝つ確率が低い馬）への選好が過剰に高まり、逆に本命馬（レースに勝つ確率が高いと考えられている馬）への人気が本来あるべきと考えられるよりも低くなることがあります。

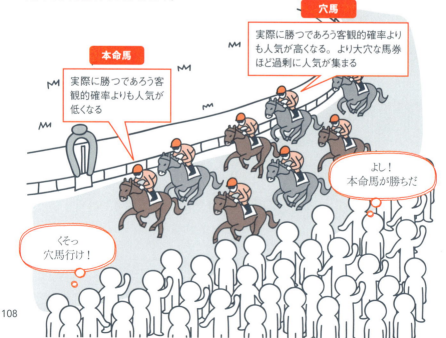

本命馬
実際に勝つであろう客観的確率よりも人気が低くなる

穴馬
実際に勝つであろう客観的確率よりも人気が高くなる。より大穴な馬券ほど過剰に人気が集まる

よし！本命馬が勝ちだ

くそっ穴馬行け！

2009年、あるニュースが競馬ファンに衝撃を与えました。競馬のデータ分析会社が国税局から約160億円の所得隠しを指摘されたのです。同社は、馬の血統、騎手の成績などをもとに1から3着までの馬をすべて当てる"3連単"の馬券を買っていました。推測の域は出ませんが、同社は倍率（オッズ）が低い馬に、より多くの金額をかけ、獲得が予想される配当の額が、かけたお金の額を上回るよう計算していたのでしょう。穴馬バイアスを利用して、利得の確保が目指されたことがわかります。

穴馬バイアスの心理②

その日の賭けの収支が赤字（負けが込んでいる）場合、一発逆転を狙って穴馬に賭けようとする心理が強くなることもあります。つまり、競馬において私たちはリスク愛好的にふるまうことがあるのです。

まずは手堅く本命馬で

負けが込んできた…

穴馬バイアスが働くとはいえ、最初のうちは当たる確率の高い本命馬に賭ける人も多い。

そして最終レースが近づいてくると、その日の負けを取り戻そうと、穴馬で一発逆転を狙う心理が強まることもある。

※レースが思った通りの展開になるとは限らない。競馬のリスクは高い。

5 生活に役立つ行動経済学

復習
決定の重みづけ

人は確率が高い場合よりも、低い場合に、相対的により高い可能性を感じてしまう（p94参照）。

競馬に関する私たちの行動は行動経済学者の関心を集めており、ここでご紹介する以外にもさまざまな見解がある

KEY WORD ☑ サンクコスト①（コンコルド効果）

生活に役立つ
行動経済学
06

なぜギャンブルは
やめられないの？

すでに支出され、どのような意思決定をしても回収できないコスト（費用）
をサンクコストと言います。ギャンブラーの心理も、この理論で説明できます。

「わかっちゃいるけどやめられない」、そう思うことは少なくありません。この心理を考えるのに役立つのが "**コンコルド効果**" です。どういうことかというと、私たちはそれまでに支払った回収できないお金（**サンクコスト**）の回収にこだわってしまうのです。英仏が共同開発した超音速旅客機 "コンコルド" はその良い例です。当初から収益化が難しいといわれていましたが、事業主は少しでも収益を得ようと、運航を続けました。最終的に、2000年の墜落事故が引き金となってコンコルドの飛行は停止に至りました。

コンコルドの軌跡

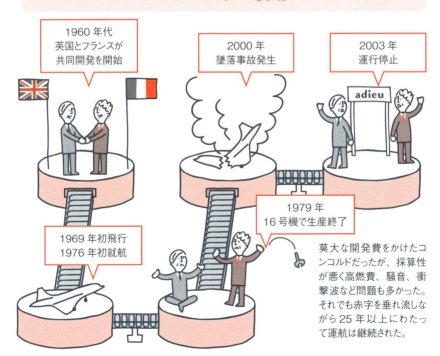

1960年代
英国とフランスが
共同開発を開始

2000年
墜落事故発生

2003年
運行停止

1969年初飛行
1976年初就航

1979年
16号機で生産終了

莫大な開発費をかけたコンコルドだったが、採算性が悪く高燃費、騒音、衝撃波など問題も多かった。それでも赤字を垂れ流しながら25年以上にわたって運航は継続された。

合理的に考えれば、理論に基づいた場合に収益化が見込まれない事業はやめるべきです。しかし、心の働きがそれを邪魔します。ギャンブルも良い例です。友人の一人は、毎週末、パチンコに出かけます。結果、いつも負けています。曰く「始めたら最後、元手を回収しなくちゃ」とのこと。パチンコに使ったお金（費用）は、戻りません。これがサンクコスト（埋没費用）です。ギャンブルにかけたお金は戻らない。それでも、サンクコストを回収しようとするがあまり、ギャンブルにはまってしまうのです。

企業におけるサンクコストの例

「それまでに費やしてきたお金と時間を考えると、簡単には引き下がれない……」。その気持ちはよくわかりますが、勇気ある撤退が必要な場合もあります。

これまでかけた労力・時間

これまでかかった費用（コスト）

すでに取り戻すことはできない

採算は合うのか？

①理論的に考えて、プラスの価値が生み出されると考えられるのであれば続ける。

②プロジェクト担当者の変更など改善措置を進めたが収益性が改善しない場合、追加の資金を投じるより中止したほうが良い（資金調達のコスト＝金利の上昇などをもとに、当初、予想されていた通りに収益が獲得できるか見直すべき）。

……しかし、人や企業はそれまでかけたお金と時間を考えると、簡単には引き下がれないと考えてしまう場合が多い

KEY WORD ☑ 集団思考の罠

生活に役立つ行動経済学 07

なぜ企業の不祥事はなくならないの？

人は集団の一員となった際、一人ではしないであろう間違った判断に流されてしまう場合があります。

一人でいるのと違い、多くの人と一緒に行動をすると、周りの動きに同調しようとしてしまいがちです。なぜなら、集団の中で孤立することは、心理的なストレスを生むからです。その結果、組織として適切な判断が下されず、ミスや問題、惨事につながることがあります。最近、わが国の企業の不祥事が発覚しています。その背景には、"**集団思考の罠**"が影響していると考えられます。

集団思考が疑われる8つの症状

米国の心理学者であるアーヴィング・ジャニスは、米国の史実をもとに、政策的な判断ミスを分析することで集団の心理的傾向をモデル化した。それによると、集団思考の罠は8つに分けて考えることができる。

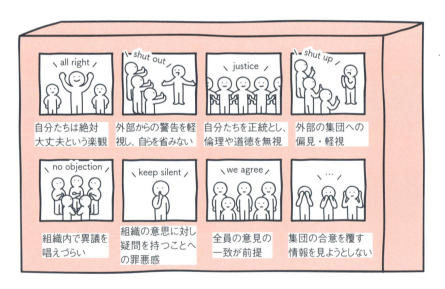

112

社会人になったとき、ある先輩から「長いものに巻かれろ」といわれたことがあります。上司や影響力の強い人とはあらそわず、素直に言うことを聞いておけということでした。そのほうがキャリア上よいというアドバイスでした。そのため、時として、間違っていると思っても、それを指摘することが難しくなる。これは集団思考の罠の原因を的確に示しています。それが組織全体の意思決定の誤りにつながります。良識に基づいて正しいと思うことは伝えることは、やはり大切だと思います。

集団思考を避けるための対策

①異論や疑念の表明を推奨する　②リーダーは自分の主観的意見を控える

③組織外の専門家の意見を求める

④批判的に検証することも大切　⑤合意を急がず、再検討の時間を確保する

KEY WORD ☑ 選択のパラドックス

生活に役立つ
行動経済学
08

選択肢が多いと決めることができません

選択肢が多いほど自由度が高く満足を得られると思いがちですが、実は、あまりにも多い選択肢は私たちにストレスをもたらします。

選択肢が増えるほど、一つを選ぶのが難しくなってしまいます。また、「えいやっ！」と思い切り選んでも、選択肢が少ない場合と比べて満足感が高まらないと考えられています。これが、"**選択のパラドックス**"です。一般に、選択肢は多いほど、自由が増すと思われがちです。ただし、選ぶ対象が増えると、あれこれ比較をしなければならなくなります。選んだものが本当に満足感を高めるか、疑心暗鬼になってきたりもします。いろいろな選択肢を比較し、どれにするか考え始めるときがありません。

選択肢が多いとストレスを感じてしまう

人間は選択肢が多いと、失敗や後悔を恐れて心に迷いが生じ、
無力感を感じてしまう場合があります。

…悩んだ末に選択肢を決定しても、「選ばなかった選択肢のほうが良かったのではないか？」という後悔の念が生じたり、選んだ選択肢に対する不満感が生じたりしてしまう。

週末、家族で食事に行くシーンを想像してください。お父さんは「どこでもいいよ」と言います、お母さんは「どこでもいいといわれても、困るんだけど……」と返事をします。お母さんの心の中には、「私は和食がいいけれど、パパはステーキがいいかもしれない。あとで文句を言われるのも嫌だし」とあれこれ考えてしまいます。その結果、「やっぱり、パパが決めて」となるわけです。そういう状況は多くの方がご経験あるのではないでしょうか。

ジャムの法則

米国コロンビア大学のシーナ・アイエンガー教授は、スーパーマーケットにジャムの試食ブースを作り、24種類のジャムと6種類のジャムを数時間ごとに入れ替えて提供し、買い物客の反応を調べるという実験を行いました。

この実験の結果、ブースで試食した人数はほぼ同じだったのですが、6種類そろえたテーブルの場合は30％購入したのに対し、24種類そろえたテーブルでは3％の人しか購入しませんでした。ただし、選ぶ対象物や人の好みや性格などにより、必ず上記のような結果がでるとは限りません。この点に関しても研究が続けられており、さまざまな意見があります。

KEY WORD ☑ 帰属理論

生活に役立つ行動経済学 **09**

いつも誰かのせいにしてしまうのはなぜだろう

成功や失敗をした場合、その原因をどこに求めるかによって、その後の考え方や行動は変わってきます。

帰属理論とは、私たちが、ある出来事の原因を、何かのせいにしたがる（帰属させたがる）ことを言います。なぜこうした心の働きがあるかといえば、私たちは**周りの状況を自分の思うようにコントロールしたい**という欲求を持っているからです。この欲求を満たすために、時には、事実と異なる因果関係を考えてしまうことがあります。あなたと知り合いが共同事業に失敗したとしましょう。そのとき、何が原因だと考えるでしょうか。

私たちは自分に都合よく解釈しがち

人間はコントロールできなかったことは他人や状況のせいに、
うまくできたことは自分の手柄と考えがちです。

失敗したのは？
① アイツが油断していたから
② アイツが無能だから
③ アイツが手を抜いたから
答え オレは悪くない

成功したのは？
① オレの集中力のおかげ
② オレが有能だから
③ オレが努力したから
答え オレは素晴らしい

116

よくあるのは、"彼に実力がなかったから、失敗した"という説明です。これが帰属理論です。本当に、彼の経営のセンスや能力を評価するには、かなりの時間をかけて、詳細に確認しなければなりません。それよりも、私たちは手っ取り早く、納得しやすいように状況を把握し、気持ちをすっきりしたいといえます。帰属理論によって私たちは物事の原因と結果を理解できた気持ちになります。それが正しい理解か否かは別の問題です。また、仕事の成功や失敗の原因を何に求めるかは、私たちの成長のために重要です。

帰属理論の4つのパターン

社会心理学者のバーナード・ワイナーは、人が成功と失敗の原因をどう帰属させるかに関するモデルを作りました（帰属モデル）。マトリックスを作ると、①自分でコントロール可能&安定している原因は"能力"、②コントロール可能だが不安定（常に一定レベルを維持するのが難しい）原因は"努力"、③コントロール不能だが安定している原因は"仕事の難易度"、④コントロール不能&不安定な原因は"運"と分類することができます。

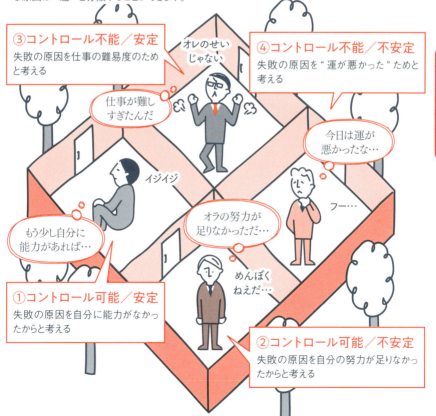

③コントロール不能／安定
失敗の原因を仕事の難易度のためと考える

④コントロール不能／不安定
失敗の原因を"運が悪かった"ためと考える

①コントロール可能／安定
失敗の原因を自分に能力がなかったからと考える

②コントロール可能／不安定
失敗の原因を自分の努力が足りなかったからと考える

KEY WORD ☑ **因果関係の過大評価**

生活に役立つ
行動経済学
10

経験が邪魔をする

私たちが未来を予測しようとする際、過去の経験に頼りがちです。
しかし、経験が合理的な判断の邪魔をする場合もあります。

私たちが先行きの状況などを考えるとき、どうするでしょうか。多くの場合、過去の経験や実績を基にして考えることが一般的です。これを"**因果関係の過大評価**"と呼びます。過大評価とされている理由は、過去の実績や経験した内容が、今後の変化の原因になるとは限らないからです。同時に、因果関係を否定するものでもありません。そのため、経験した内容が今後も同じパターンで起きるか否かは慎重に考えなければなりません。

因果関係の過大評価

予想屋 (A) は直近の2レースをうまく当てたが、(B) は外した。しかし、その情報だけをもとに (A) のほうが優秀と判断するのは早計だろう。これは、因果関係の過大評価といえる。

将来を、的確に予測することはできません。将来は不確実です。予測する際は、複数のシナリオを考えたほうが良いでしょう。そのほうが、変化に適応しやすくなるはずです。問題は、さまざまなシナリオを描くには、時間も労力もかかることです。そのため、経験などを基にして将来を予測するほうが手っ取り早いのです。ただし、**経験が合理的な判断の邪魔をする**可能性があることには注意が必要です。

"因果関係の過大評価"と、どう付き合うか

● 将来を的確に予想することは不可能

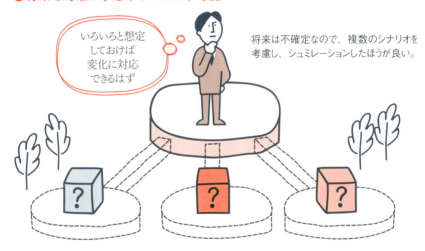

● 日常の中の「因果関係の課題評価」

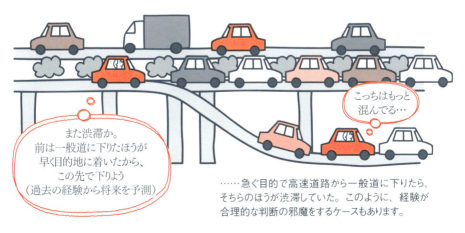

KEY WORD ☑ 心理会計（心理勘定）

生活に役立つ行動経済学
11
合理的にはいかない心の会計処理

たとえ同じ金額でも、状況によって高く感じたり、安く感じたりすることがあります。私たちの心の会計は、常に揺れ動いているのです。

いつも、心は揺れ動きます。150円で売っているお茶を安いと思うときもあれば、高いと感じることもあります。感じ方の違いを生み出すのが、"**心理会計**（メンタル・アカウンティング）"です。心理会計とは、意思決定をする際、個々の取引の費用を、それぞれに対応する"心の勘定科目"に記帳するということです。150円のお茶が安いと感じるとき、心の帳簿には、"ノドの渇きをいやす"という勘定科目が記帳され、その値段が150円とされているということです。

不合理な心理会計の例

心理会計とは、お金の支出を伴う経済活動のことを考え、評価し、管理する私たちの認知の働きです。

隣町のスーパーより高いわね

旬のキュウリ 1本たったの 200円

激安スーパー

買っちゃおうかしら

激安電気

この25万円の冷蔵庫とセットなら、定価5万円の食洗機を2万5千円で付けますよ

安いものとの比較なら200円のキュウリを高いと感じる主婦が、高いモノとの抱き合わせなら2万5千円を「安い」と感じてしまう。

心理会計は、合理的とは言えない意思決定の原因となることがあります。ある企業がプロジェクトXとプロジェクトYを実施していたとします。Xは社長の肝いり案件ですが、損失が発生し、改善の見込みも低い。Yは若い社員の発案で実行されたプロジェクトであり、採算が取れています。プロジェクトXは停止されるべきですが、ことはそう単純ではありません。担当者には"社長のメンツの保持"という心の勘定科目があるからです。そのため、失敗がわかっていても、やめることは容易ではない。そういうケースは散見されます。

心理会計に影響する感情

さまざまな感情が無意識に心理会計に影響を与え……

人は不合理な意思決定をしてしまうことがあります。

KEY WORD ☑ **インフォメーション・カスケード**

生活に役立つ
行動経済学
12

一人の行動が
他の大勢の行動を呼ぶ

私たちは明確な根拠がないにもかかわらず、人の行動に影響されて、ついつい他の人と同じように行動してしまうことがあります。

私たちが新しい行動を起こすとき、自分の持つ情報と、先に動いた人の行動が意味する情報をもとにして、意思決定を行うことが多いでしょう。これを株への投資で考えてみます。市場に複数の投資家がいます。みな、私的情報を均等に持っています。Aさんが株を買いました。これを見たBさんは、Aさんの行動を考え、彼が株価の上昇に関する情報を持っていると判断します。その判断と自分の情報をもとに株を買います。この動きが続いていくと、他の動きに追随したほうが望ましくなり私的情報のウェイトは低下します。これが**インフォメーション・カスケード**です。

情報の流れが群集心理を膨らませる

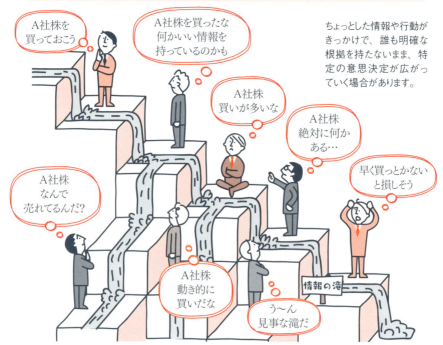

ちょっとした情報や行動がきっかけで、誰も明確な根拠を持たないまま、特定の意思決定が広がっていく場合があります。

122

カスケード（Cascade）とは、階段状につながった滝を言います。一筋の水の流れ（情報）が滝を下るうちに激流になるように、誰か一人の行動が他の大勢の行動をよび、群集心理を膨らませます。これが、買いが買いを呼ぶ原理です。同じような効果がネットにもあります。SNSなどを使い情報を発信すると、それが大勢の行動を生み、社会的な影響が出ることがあります。Webのマーケティングで著名ブロガーなどが重用されるのは、情報のカスケードを生み出すためと言えます。

トイレットペーパー騒動の構造

1973年のオイルショックの際、日本では「トイレットペーパー争奪戦」が発生しました。これも、インフォメーション・カスケードがもたらしたハーディング現象（群集心理）でした。

column

No. 05

サザエさんの視聴率で景気がわかる？

　景気は気から、これを身近に考えるための例を紹介しましょう。景気が悪い場合、お給料の増加は期待しづらくなります。企業によっては、コストカットの一環として、昇給がストップされることもあります。そうなると、日曜日の夕刻の時間に外出し、家族みんなでレストランに行くことには、どうしても二の足を踏まざるを得なくなります。

　ではどうするか、夕方は家で過ごすのです。家で夕食を食べながら、サザエさんを見るのはその一つの例です。この結果、景気が悪いときにはサザエさんの視聴率が上昇する傾向にあると考えられます（日曜日の同じ時刻に放送されている他の番組にも同じことが言えるかもしれません）。

　そのほかにも、景気が悪くなると、暗めの色合いの服を着る人が増えると言われています。私たちの心は常に合理的とは限りません。しかし、一人ひとりの行動や、社会の変化に注目すると、景気の変化をとらえやすくなるでしょう。

chapter

セールスに惑わされないための
行動経済学

行動経済学がもっとも活用される分野の一つにマーケティングがあります。また、消費者がさまざまなセールスに惑わされないためにも行動経済学は役立ちます。

KEY WORD ✓ 損失回避

セールスと
行動経済学
01

損を避けたい心理に刺さる
サプリのコマーシャル

損を避けたいという心は、お金の損失以外の場合でも発生します。
広告などでは、私たちのそういった心理を利用している場合があります。

価値関数のグラフを思い出してください。私たちは、とにかく"損"を避けたい。それが、多くの人の本音だと思います。一度手に入れたプラスの価値は減らしたくないのです。だから、利益が出ている場合、私たちはその利益の水準に満足し、一目散に利益を確定してしまいます。知人のある女性は、化粧品の試供品を使うたび、その化粧品を購入しています。これは試供品で得られた満足度をいつも感じていたいという心理に影響されています。

一度味わった歓び（満足感）はなかなか忘れられない

☑ 消費者の心理

試供品として無料で手に入れたとしても、一度、満足感を得てしまうと手放したくなくなり、購買を続けたくなってしまいます。

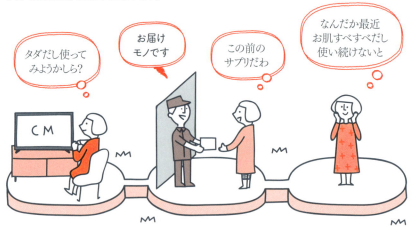

これも損失回避の心理の一つです。サプリメントのコマーシャルでは、その働きを狙った仕掛けが多用されています。試供品であれ、お試し価格であれ、一度使ったものはなかなか手放せない。手放してしまうと、満足度が低下してしまう。それは、私たちの心にはマイナス（損失）なのです。これを筆者は、"**心の慣性の法則**"と呼んでいます。物理の世界同様、心にも現状（慣れた状態）を続けようとする傾向があります。

心の慣性の法則が利益をもたらす

企業は広告宣伝費や試供品製造などに多額な資金を投じますが、ユーザーは一度使って満足度を得ると、サプリがないことに心のマイナス（損失）を感じて、購入者となる可能性が高いのです。仮に半分以上のユーザーが試供品のみで離れたとしても、残りのユーザーが継続して購入し続ければ、企業にとっては十分な利益となります。

KEY WORD ☑ 現状維持の罠

セールスと行動経済学
02

「今だけ半額！」それで儲かるの？

たまに、大幅な値下げを売りにしている商品があります。しかし、どんなに値下げしても儲かるからこそ、そういった販売戦略が成り立つのです。

企業のマーケティングは、一定の満足感を維持したいという私たちの気持ちに着目しています。端的に言えば、現在の状況を維持したいという心理の状況を作ってしまえば、その人は長く品物を買ってくれる重要顧客に代わってしまうのです。その理由は簡単。これまでに得られた満足度を感じられないことは、その人にとってマイナス（損失）になるからです。それを避けるためには、モノを買い続け、使い続けるしかありません。

人は満足を求め続ける

あれ？この前70％オフで買ったサプリなくなりそう。すごくいい感じだったのに

ハムスターをカゴに入れておくと車輪の中で走り続けるのは、もともと餌を求めたり、縄張りを確認するために走り続ける習性があるからです。それと同じように、私たちも一定の満足感を味わい続けたい、一度感じた喜びを失いたくないと思い、気に入った商品を買い続けてしまうのです。

サプリメントのコマーシャルを見ていると、初回購入者限定で、"今だけ70％オフ！！"など、思い切った値段が設定されています。「それで儲かるの？」と質問を受けることがありますが、儲からなければ企業はそうしたコマーシャルを打ちません。儲ける＝信（じる）者と書くように、その効果を信じてもらえればよいのです。これは効くと信じる人は、その人サプリの摂取をやめることに抵抗感を感じます。こうして消費者はサプリの摂取という現状を維持し続けるため、企業は利益を確保できるのです。これが、**今だけ半額のからくり**です。

「今だけ70％オフ」のからくり

長く続けると、サプリを飲むという習慣も現状維持バイアス化してしまいます。

6 セールスと行動経済学

KEY WORD ☑ 無料の威力

セールスと行動経済学
03

フリーのネットサービス、なぜ儲かる？

たまに「無料なのに儲かるの？」と疑問になる商品やサービスがあります。しかし、ユーザーを取り込む上で、無料ほど有力な戦略はありません。

人間には"高い""安い"ではなく、**1円も失いたくないという心理**があります。たとえば、50円で高級チョコを、20円で安物のチョコを売っていたとします。当然、高級チョコのほうがおいしい。価格を下げて、高級チョコを20円に、安物のチョコを無料にしたとしましょう。合理的に考えたら高級チョコのほうがより高い満足度を得られるはずです。しかし、実際には、"タダ"の安物のチョコのほうが選ばれることが実験によってわかっています。

人は「無料」に弱い

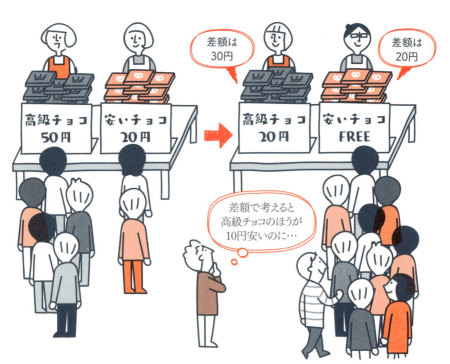

130

つまり、私たちは、無料＝フリーなものをついつい選んでしまうのです。その心理に注目することで、企業はユーザーを獲得できます。その典型例がネット企業です。Googleの検索サービスは無料です。Facebookも無料です。無料に引き付けられ、多くの人がそのサービスを利用する。その一部が、有料サービスを使い始めると、収益がもたらされる。フリーなサービスのユーザーを増やせば増やすほど、有料サービスを使う人の数も増える可能性が高まり、広告収入も増える。これが、フリーなサービスが生み出される理由です。

ユーザーが多いほどビジネスの可能性は広がる

フリーでサービスを提供するネット企業の収益は、広告収入と有料サービスによるものが多いです。

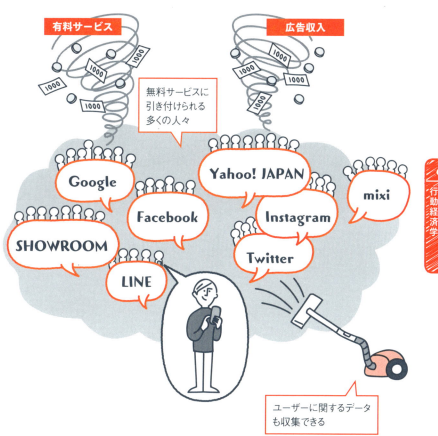

KEY WORD ☑ バンドワゴン効果

セールスと行動経済学 04
ディズニーランドはいつも行列

私たちは、多くの人が支持しているモノを「良い」と感じてしまう傾向があります。このような心理的傾向を「バンドワゴン効果」と呼びます。

昔、多くの商店街では"チンドン屋"をよく見かけました。太鼓や楽器を鳴らして、にぎやかにまちを歩くチンドン屋は、商店街などから宣伝を請け負っていました。それを知らずに、ただ、にぎやかな雰囲気につられて、ついていく。着いたところは商店街。気づいてみると、周りは買い物を楽しむ黒山の人だかり。それにつられて買い物をしてしまう。これが**バンドワゴン効果**です。

バンドワゴン効果を利用したマーケティング

バンドワゴン効果をうまく利用して「流行っている」「これを手に入れたらみんなと同じで安心」といった心理を引き出すことがマーケティングでは大切です。

「在庫僅少」「○○食限定」などとうたってわざと行列ができるようにすると、それを見た人は自分も並びたくなる。

一日50食限定 幻の北海ラーメン

「お客様の高評価のレビュー」「口コミの評判」などをホームページに掲載。

132

バンドワゴン効果とは、多くの人が支持している状況について、関心がない人もその状況を「良い」と考え、周囲と同じ行動をとる心理の働きを言います。この効果に着目することで、集客(より多くの人にお店に来てもらうこと)が期待できます。ディズニーランドはそのよい例です。人気のアトラクションの前には、にぎやかに、人だかりができています。それを見ていると、なぜか、自分もその雰囲気を体験したくなる。その結果列に並ぶ。こうしたバンドワゴン効果を利用したマーケティングも行われています。

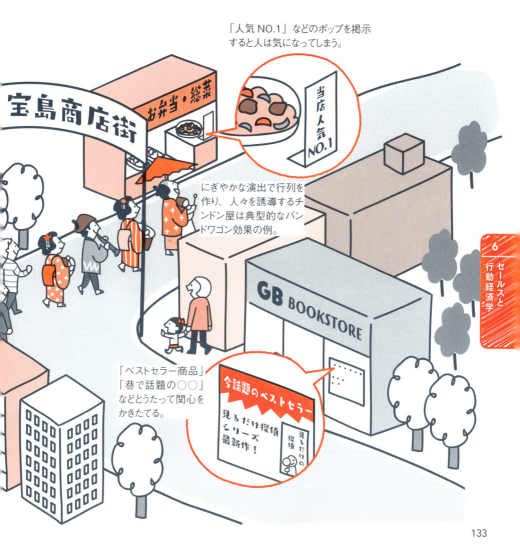

KEY WORD ☑ ハーディング現象②

セールスと行動経済学
05

ハロウィンは、なぜ日本で急に広まった？

いつの間にか日本でも定着したハロウィン。その背景には、群れることを好む私たちの心理的傾向があると考えられます。

バンドワゴン効果では、バンドを乗せたワゴンやチンドン屋のように、多くの人が支持したいと思う象徴が明確に存在します。一方、多くの人々の関心を引き付ける明確なシンボルがない場合でも、私たちが**周囲の動きに同調してしまう**ことがあります。それが、"**ハーディング現象**"です。要は、一人だと嫌だが、大勢でいることに私たちは心地よさを覚える、それが心の本質です。

人は大勢でいることに安心を覚える

バンドワゴン効果で説明した通り、人は大勢が支持するものに惹かれる心理傾向がありますが、支持するシンボル的なものがなかったとしても、周囲の動きに同調しようとする傾向があります。

134

そのよい例がハロウィンです。いつ、誰が始めたのか、よくわかりません。国内でハロウィンを楽しむ人が増えた理由は諸説あるようですが、特定の説が有力とも言いづらいようです。毎年10月31日のハロウィンが近づくと、雑貨屋さんからショッピングモールに至るさまざまなところでハロウィングッズが売られています。これは、知らず知らずのうちに人々が周囲の真似をし始めた群集心理のケーススタディといえるでしょう。

群集心理によって広まったハロウィン

特定の理由はわからないものの、ハロウィンは日本に浸透してきました。その背景には、周囲と同じ行動をとってしまう、群集心理が影響していると考えられます。

KEY WORD ☑ 権威への服従

セールスと行動経済学 06

巷にあふれる"モンドセレクション金賞受賞"

人は「権威」に弱く、権威があるとされる人や専門家の言うことは、ほぼ無条件に信じ込んでしまう傾向があります。

私たちには、権威のあるものを信頼し、正しいと思い込んでしまう（服従してしまう）傾向があります。これを"**権威への服従**"と言います。たとえば、ここに2冊の本があるとします。1冊は「ある、大学の非常勤講師が書いた健康の本」、もう1冊は「医療分野の大家である、大学教授が書いた健康の本」です。この2冊を比べたとき、後者のほうが優れているような印象を持ちがちです。中身がどうかを判断する前に、社会的な地位などをもとに判断がなされることがあります。

人は「権威」に弱いもの

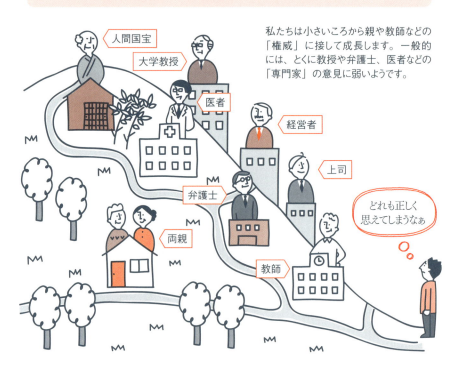

私たちは小さいころから親や教師などの「権威」に接して成長します。一般的には、とくに教授や弁護士、医者などの「専門家」の意見に弱いようです。

人間国宝／大学教授／医者／経営者／上司／弁護士／両親／教師／どれも正しく思えてしまうなぁ

最近、さまざまなお菓子やお酒に「モンドセレクション金賞受賞」のラベルがつけられているのは、権威へ服従する心理の働きを狙ったものです。"モンドセレクション金賞受賞"と言われると、他とは違う、良いものであるように思えてしまう、そうした心情に働きかけようとしています。そのために、企業はモンドセレクションの本部に審査料を支払い、評価を依頼します。モンドセレクションのWebを見ると、はっきりと、この賞に商品の品質の保証といった利点（メリット）があると記されています。

あらゆるところにある権威

権威の影響で他のものとは違う、良いものであるように思えてしまう場合もありますが、そこで思考停止せずに自分の頭で考えることも大切です。

KEY WORD ☑ ハロー効果

セールスと行動経済学
07
芸能人のCM出演料が高いのには訳がある

知名度とイメージが重要となる広告戦略。そのカギとなるのが、人気タレントなどを起用してイメージアップをはかる「ハロー効果」です。

「あの人は有名大学を卒業しているから、優秀だ」というように、私たちが何かを評価するとき、目立ちやすい、パッと見てわかる特徴に基づいて判断を行いがちです。これが**ハロー効果**です。ハローとは、「こんにちは」ではありません。太陽や月の周りにできる傘のことをハロー（Halo）と言います。パッとわかる特徴に関して、あたかも後光が差しているかのように、過剰に好意的にとらえるのがハロー効果です。その逆もまた真なりです。

目立つ特徴から全体を評価するハロー効果

近年、グローバル化の影響で日本でも英語力が重視されており、中途採用の場などで英語の能力が問われることが多いです。そのため、単純に"英語が得意＝優秀"という考えに陥りがちですが、英語ができることと、職務に求められる専門的な能力があるか否かは別の問題。それでも、英語が大切だという思いから、その人の能力を過剰に評価してしまうケースも多いようです。

ハロー効果が威力を発揮する一つが、化粧品のCMでしょう。化粧品の良さをアピールするためには、"なりたい顔ランキング"の常連であるタレントや女優を起用し、その化粧品の良さをアピールするのです。それを見た人は「この化粧品でこんなにきれいになれるかも」と感じ、買いたくなる。これがハロー効果です。ハロー効果が期待できる分、好感度のタレントへの出演ニーズは高まり、商品の売り上げも高まるため、出演料も上昇すると考えられます。

タレントのイメージが商品のイメージに

CMに出演するタレントの好感度が高ければ、ハロー効果の影響で、宣伝している商品の好感度も上がります。広告宣伝の規模が大きいほど、その効果も高まる可能性がある。

KEY WORD ☑ フレーミング効果①

セールスと行動経済学 08

死亡率20％の手術は成功率が高い？

たとえ同じ確率でも、言い方が異なると印象がまったく変わってしまう場合があります。これは、どういうことなのでしょうか？

説明やアナウンスの違いによって、私たちの意思決定が変わることがあります。たとえば、試験まで「あと1週間ある」と言われる場合と、試験まであと「1週間しかない」と言われる場合を考えてみましょう。後者には、前者よりもかなり切迫した印象が伴います。その結果、できるうちにできるだけのことをやろうという気になって、従来よりも勉強に集中するかもしれません。これが**フレーミング効果**です。

フレーミング効果の例①（手術の告知）

枠組み（フレーム）で意識が固定されてしまうと、意思決定に変化が生じる。

■ 確率は同じなのに…

手術の成功率は変わらないのに、私たちは言い方によってなんとなく不安になったり、安心したりします。

フレーミング効果のフレーム（frame）には、英語で、何かを組み立てるという意味に加え、誰かを陥れるといった意味もあります。つまり、言い方次第で、受け取り方に違いが出るのです。たとえば、「この手術の結果、死に至る確率は20％です」と言われるのと、「80％の確率で手術は成功します」と言われるのだったら、明らかに後者のほうが受け入れやすいでしょう。客観的な確率はどちらも同じなのに、言い方次第で受け取る印象は異なってくるのです。

フレーミング効果の例②（セール）

販売店の「セール」にはさまざまな売り文句があります。
これもフレーミング効果の一種です。

●在庫処分
私たちは「処分というからには安い商品があるはず」と考えてしまいますが、実際に安いかどうかはもとより、そもそも欲しい商品があるかどうかもわかりません。

●閉店セール
「在庫処分」同様に、客は「閉店するなら安いはず」という風に勝手に思い込んでしまいがちです。実際には閉店しない「改装閉店セール」なんて場合も。

●赤字覚悟
さばけないと判断した在庫を仕入れ値と同等かそれより安く販売する可能性はありますが、基本は、店側が本当に「赤字」で販売することはごくまれでしょう。

●バーゲンセール
"バーゲン"と聞くと「良いものが残っているうちに行かないと!」と焦ることも。しかし、バーゲンをする店はいくらでもあるので焦るほどのことではありません。

KEY WORD ☑ フレーミング効果②

セールスと
行動経済学
09

「1日100mg」より「1カ月3,000mg」

同じ分量であっても、数字を多く見せることで印象がガラリと変わってしまう場合があります。これも「フレーミング効果」の一つです。

コップにある半分の水を見て、「まだ半分もある」と考えるか、「もう半分しかない」と考えるか、という例えは、フレーミング効果を説明するうえでよく使われるものです。「まだ半分もある」と希望を持つのと、「もう半分しかない」と絶望するのとでは、大きな違いがあります。このフレーミング効果は、商品のマーケティングなどにも大いに活用されています。

表示の違いで印象は異なってしまう

私たちの日常には、フレーミング効果を利用したものがあふれています。言い方を少し変えただけで、同じものであっても受け取られ方がまったく異なってくるのです。

たとえば飲み物の内容表示では、ポジティブな内容を積極的に訴えたほうが効果がある。

たとえば、1粒当たり100mgのプラセンタが配合されている1瓶30粒入の健康食品があります。これを「毎日1粒飲めば100mgのプラセンタが摂取できます」と宣伝するのと、「何と1カ月で3,000mgのプラセンタを摂取できます」と宣伝するのでは、どちらが購買者に響くでしょうか？ 答えは後者です。最終的に得られる利益は同じでも、**"今、感じられる大きな利益"** に人は惹かれてしまうのです。

KEY WORD ☑ サンクコスト②

セールスと行動経済学
10

プラモのパーツが入ったパートワークはなぜ売れる

購入者がすでに支払った分だけの満足感を得ようと、さらにコストをかけてしまう心理を突いたのが付録つきのパートワークです。

何かのために既に使い、取り戻すことができない費用をサンクコスト＝埋没費用と言います。パチンコに使ったお金はサンクコストです。支払った以上、その金額を取り戻すことはできません。しかし、時として、私たちは何としてもサンクコストを支払っただけの満足感を得ようと、必死になってしまうことがあります。言い換えれば、お金を支払って何かをするという決定（コミットメント）の影響は大きいのです。

パートワークに見るサンクコストの例

パートワークを継続して購入した人たちは、投入した資金が大きくなるにつれ「今やめるともったいない」という心理が働いて、途中でやめられなくなってしまいます。

創刊号発売時には大々的なプロモーションを行い、可能な限り多くの購入者を獲得。

144

見方を変えれば、私たちは、**サンクコストを回収したと思えるだけの満足感をどうしても追求したい**のです。その心の働きに注目した商品が、ロボットや自動車のパーツが入ったパートワークです。今月はエンジン、来月は内装というように、各月、異なるパーツが同封されています。完成させるには、毎号買って組み立てるしかありません。買い逃すと、完成させることはできない、つまりサンクコストが無駄になってしまいます。それを避けようとする心理をついて、パートワークが売られています。

KEY WORD ☑ 音響の心理学

セールスと
行動経済学
11

BGM でワインが売れる？

近年、ますます注目を集めている行動経済学。
でも、そのイメージは曖昧な人が多いかもしれません。

音楽は不思議です。緩やかなテンポの曲を聴くと、気持ちが落ち着きます。ロックバンドのライブに行くとエキサイトしてしまいます。**音楽は人間の無意識に影響を与えます。** 米ウエスタンケンタッキー大学のロナルド・ミリマン教授は、BGM の店舗を変えた場合、レストランのお客さんの行動にどう違いが出るかを実験しました。その結果、ゆっくりとした BGM をかけた場合、より長い時間、お客さんはレストランに留まったことが報告されています。

（Ronald E. Milliman[1986]The Influence of Background Music on the Behavior of Restaurant Patrons, Journal of Consumer Research, Vol. 13, No. 2 (Sep., 1986), pp. 286-289）

BGMのテンポによって消費行動も変わる？

ミリマン教授は、スーパーマーケットで流す BGM をアップテンポかスローテンポかに変更することで、買い物客の消費行動がどのように変化するかも調べました。

アップテンポのBGM

「これで必要なものは全部ね」
「次の用事はなんだったかしら」

アップテンポの場合、買い物客が店内を通過する時間がスローテンポの場合より早くなりました。

スローテンポのBGM

「居心地の良い店ね」
「あれも買おうかしら」

スローテンポの場合、買い物客の滞在時間が長くなり、一人当たりの購買額も高くなりました。

ミリマン教授の実験結果のインプリケーションは、BGMを変えることによって、企業にとっても好ましいように消費者の行動を変化させることが可能と考えられるということです。英国の心理学者であるエイドリアン・ノースらの研究では、力強く重厚な印象の音楽（オルフのカルミナ・ブラーナ）をBGMにかけると、BGMがない場合に比べ、人はどっしりとした味わいのワインを好むことが報告されています。

BGMで買いたいものが変わる？

BGMでワインの消費が影響されるケースのイメージ。販売店でBGMが人の消費に及ぼす影響を調べる実験が行われました。同じ値段のフランスワインとドイツワインを店頭に置き、フランスの曲とドイツの曲を交互に流してワインの売れ行きを調べました。

注）ワインの本数はイメージです

KEY WORD ☑ 情報の利用可能性②

セールスと行動経済学 12

週末に折り込みチラシが増えるワケ

私たちが日常的に接している新聞の折り込みチラシにも、企業側の巧みなマーケティング戦略が仕組まれています。

情報の利用可能性とは、私たちが意思決定を行う際、利用の可能性が高い情報ほど、過大に評価される場合があること意味します。ここでいう利用の可能性とは、物理的に手に入りやすい、あるいは、記憶に新しい情報に分けられます。企業が消費者の関心を引き付けるためには、できるだけ多くの情報を与えることが重要になります。問題は、情報を出したとしても見向きされなければ意味がないということです。

利用性が高くなる「記憶に残りやすい」情報

人間は「最新」「顕著」「鮮烈」「調和」の4つの記憶が残りやすいと言われています。

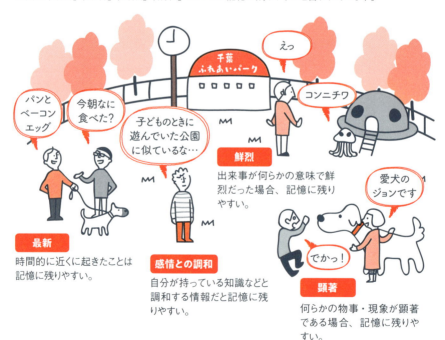

最新
時間的に近くに起きたことは記憶に残りやすい。

感情との調和
自分が持っている知識などと調和する情報だと記憶に残りやすい。

鮮烈
出来事が何らかの意味で鮮烈だった場合、記憶に残りやすい。

顕著
何らかの物事・現象が顕著である場合、記憶に残りやすい。

みなさんは、土曜日と日曜日の新聞に挟まれている広告が、平日よりも多いことにお気づきでしょうか。平日、多くの人は仕事に出かけ、忙しい。だから、のんびりと特売品や自動車の広告を眺めている暇は、あまりないでしょう。一方、土日は比較的時間があります。そこに着目し、企業は折り込みチラシを多く入れます。これは、**利用できる情報を多く与え、消費を喚起しようとしている**ことにほかなりません。

土日に折り込みチラシが多い訳

新聞は毎日読むもので物理的に利用可能性が高い情報だが、忙しい平日の朝に新聞の折り込みチラシにまでしっかり目を通す時間はそう多くないはず。

one point
選択的認識

なお、人間には自分に都合の悪い情報などを無視してしまう「選択的認識」という行動様式があり、意思決定に都合が悪い情報から無意識に目を背けてしまう場合もある。

column

No. 06

ダメといわれるほど試したくなる心理

　子どもが小さいころ「テレビを見ちゃダメ」というと、余計に反発し、なだめるのに困ったことがあります。これは、禁止されると余計にやりたくなる、私たちのあまのじゃくな性質がよくわかるケースです。これが「カリギュラ効果」です。これはローマ帝国の皇帝・カリグラをモデルにした1980年のアメリカ・イタリア合作映画『カリギュラ』が語源となった言葉です。この映画の内容が過激すぎるため、一部地域では公開が禁止されました。その結果、余計に人々の関心が高まったことに由来しています。たとえば、私たちは「お菓子を食べるな」と言われると反発して食べたくなったり、「廊下を走るな」と言われると逆に走りたくなったりします。「走りたい」という欲求が押さえつけられる（禁止される）と不満が溜まり、かえってやめられなくなるのです。

　このカリギュラ効果を利用して、ダイエット食品などの広告では、あえて「体形に自信がある方は使わないで！」と宣伝を流します。そのほうが、かえってより多くの人の興味を惹く効果が期待できるのです。

chapter 7

使える範囲が広がる
行動経済学

近年、行動経済学は金融やマーケティングといった分野のほか、政策においても広く活用されています。とくに"ナッジ理論"は、世界的に注目されています。

KEY WORD ✓ 双曲割引モデル①

使える範囲が広がる行動経済学
01

今と1年後、どちらが大事？
——せっかちを科学する

「将来より今が大事」という私たちの心理を理論的に説明するものに、双曲割引モデルという理論があります。

「今1万円もらうのと、1年後に1万1千円もらうのと、どちらがいい？」と聞かれたとき、ほとんどの人が今1万円もらうことを選んでしまいます。なぜなら、私たちは時間に関して理屈通りの感覚を持っていないからです。これを考えるキーワードが"**割引率**"です。割引率は、将来のお金の価値が現在いくらか、将来の価値を現在の価値に換算するレート（率）です。1年後の1万1千円と現在の1万円がイコールになる割引率は、10％（!）です（1万1千円÷X＝1万円の方程式を解けばよい）。

私たちは「将来」よりも「今」を大事にしがち

私たちは、将来に利益（喜び）を得られることがわかっていても、目先の利益を優先してしまいがちです。

152

わが国の銀行預金などを考えると、10％はかなり高い割引率（金利）です（2018年6月末時点で、1年物定期預金の金利は0.010％程度）。それでも、今の1万円を手にいれたいと思うということは、その人がいかにせっかちであるかを示しています。行動経済学では、期間が長くなるほど私たちのせっかち度（割引率）は穏やかになると考えます（**双極割引モデル**）。一方、伝統的な経済学では、時間が経過しても割引率は一定と想定しています。

KEY WORD ☑ 双曲割引モデル②

使える範囲が広がる行動経済学 02

"我慢"できる人が成功する、その真偽

目先の誘惑に惑わされず"我慢"できるかどうかは、私たちの人生に無視できない影響をもたらすことがあります。

双極割引モデルの示唆するところは、私たちは、"今日"、"明日"といった目先の一日の差を大きく感じる。その一方で、1年後か1年と1日後かと、期間が長くなると一日という時間への感じ方はたいして変わらないということです。言い換えれば、私たちは**目先の満足感を高めることを優先しがち**であり、我慢することが難しいということです。タバコをやめられないのもその良い例です。禁煙すれば健康の水準が高められることがわかっていても、「まあ一本だけ」とついつい吸ってしまいます。

割引率でわかるダイエット、禁煙の難しさ

■ 目先の満足度を優先

私たちは、美容や健康に悪いとわかっていても「そのうちやめるから」と思いながら、ついつい過度に食べたり、一服したりしてしまいます。この「一回ぐらいはいいだろう」という近い将来の誘惑に負けて、悪い習慣はずるずると長期的なものになってしまうのです。

気づかないうちに私たちは喫煙などのリスクを低く見積もってしまいます。この我慢できるかできないかの差が、人生を左右するとの報告もあります。それが"マシュマロテスト"です。子どもの前にマシュマロを一つ置き、「15分ほど部屋を出るけど、帰るまでにマシュマロを食べないで我慢できたらもう一つあげるよ」と言って部屋を出ると、必ず我慢できる子と我慢できない子が出てきます。その後の人生を比較すると、我慢できた子どもは、大学入試でより高い点数を取るなど、相対的に良い結果を残したことが確認されています。我慢の大切さを考える良い例といえるでしょう。

米国で行われた「マシュマロ実験」

マシュマロ実験は、約50年前にスタンフォード大学で、当時4歳の子どもたちを被験者として行われました。

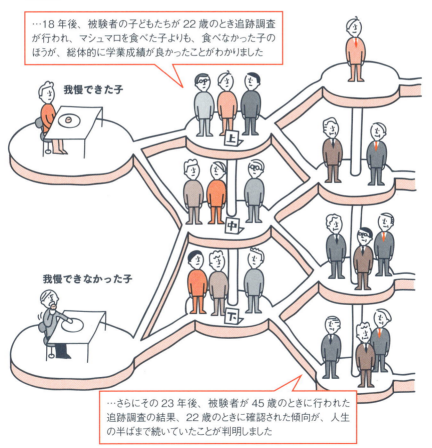

…18年後、被験者の子どもたちが22歳のとき追跡調査が行われ、マシュマロを食べた子よりも、食べなかった子のほうが、総体的に学業成績が良かったことがわかりました

我慢できた子

我慢できなかった子

…さらにその23年後、被験者が45歳のときに行われた追跡調査の結果、22歳のときに確認された傾向が、人生の半ばまで続いていたことが判明しました

KEY WORD ☑ ナッジ理論①

使える範囲が広がる
行動経済学
03

選択の自由を認めつつ行動を促す"ナッジ"

現在、行動経済学の理論の中でも、政策の現場で一番注目を集めているのがリチャード・セイラー教授らが提唱する「ナッジ理論」です。

ナッジ（Nudge）とは、"注意を引くために、ひじで軽くつつく"という意味です。ナッジは、シカゴ大学のリチャード・セイラー教授らが提唱した理論です。それは、「これをやりなさい！」というように人々を強制するのではありません。そうではなく、選択の自由を認めつつ、より良い意思決定ができるように選択肢の提示の仕方を変えるなど工夫するのです。そうすることで個人だけでなく社会の厚生を高めることができるとセイラー教授は提唱しました。

"ナッジ"とは？

ナッジとは、あくまでも選択の余地を残しながら、
相手を特定の選択肢に誘導すること。

上のイラストのように、それと気づかせることなく、特定の人や人々を合理的と考えられる好ましい方向に誘導する行為。それが「ナッジ」です。

ナッジの考えは、私たちの日々の暮らしの中にも取り入れられています。たとえば、コンビニに行くと、レジの前に矢印が書いてあります。その矢印を見ると、知らず知らずのうちに、矢印に沿って並ぶ人の列に加わります。反対に矢印がないと、「僕が先だ」、「何言ってるの、私が先よ」、「お客様、言い合いはやめてください」というように争いのような状況になってしまうでしょう。このように、それとなく相手を肘でつつくように、自発的な行動を促す仕組みがあると、私たちの行動はずいぶんと洗練されるものなのです。

よく見かけるコレも、実はナッジ

コンビニで見かける足跡・矢印のステッカー

最近では当たり前になったレジ前のステッカー。これにより、店員の誘導がなくても公平に並ぶことができます。

メルマガ登録のチェックボックス

ネットショップなどの会員登録時、メルマガ登録のチェックボックスに最初から「✓」が入っていて、登録したくない人のみ解除できるというパターン。これにより、登録者が格段に増えます。

KEY WORD ☑ ナッジ理論②

使える範囲が広がる行動経済学
04

料理の並べ方一つでメタボ改善

人は強制されると、かえって反発を覚えます。ナッジ理論を応用すると、強制せずに人々を好ましい意思決定へと導くことができます。

私たちは、「これをやれ」「あれはやるな」と頭ごなしに指示をされると、どうしてもいやな気持ちになってしまいます。このように個人の選択に介入して自由を制限する発想を"パターナリズム"と言います（父権主義）。だからこそ、自由な選択の余地を作っておくことが重要です。自由な選択を尊重（リバタリアン）しつつ、気づかれないように人々の意思決定に介入してより良い意思決定に導くことを"**リバタリアン・パターナリズム**"と言います。これがナッジです。

人は強制を嫌う

実際に、私たちに選択の自由を認めながら、結果的に多くの人の意思決定をより良い方向に誘導することは可能です。あるビュッフェでは、入り口に近いほうから、野菜を並べ、次に魚、最後に肉類という順番に並べました。その結果、お客さんが従来よりも多くの野菜を食べるようになり、肉類ばかりを食べることが減ったそうです。野菜を食べろといわれると反発してしまいがちですが、自分で選べると、知らず知らずのうちにより良い行動がとられる。これが、まさにナッジです。

ナッジを応用したビュッフェの例

取りやすいところに野菜を、奥まったところに肉類やデザートを置くなど並べ方を工夫すると、常連客は知らず知らずのうちに健康を維持し、太りすぎを予防できます。また、「最近、身体の調子がいいな」という常連客が増えると、お店の側も売り上げアップが見込めます。

KEY WORD ✓ ナッジ理論③

使える範囲が広がる行動経済学
05 日本におけるナッジの例

海外では、政策の現場ですでにナッジ理論が活用されています。そして日本でも、近年、ナッジ理論が政策に取り入れられています。

実は、私たちの社会のなかでも、ナッジの考えを取り入れた政策が進められています。それが、厚生労働省の実施している"特定健診・特定保健指導"です。これは、40歳から74歳までの人が対象になっています。生活の習慣を改善して、生活習慣病にならないようにするため、専門スタッフ（保健師、管理栄養士など）による生活見直しなどのサポートを受けることができます。

日本における健康維持のための"ナッジ"

●特定健診・特定保健指導
日本人の死亡原因の6割を占めるともいわれる生活習慣病の予防と改善のため、特定健診の結果、支援が必要と判断された対象者に特定保健指導が行われます。

特定健診
平成20年より実施。通称「メタボ健診」。

保健指導の対象者になると…。

動機付け支援
個別面接またはグループ支援ののち、対象者が行動目標を立て、6カ月後に評価を行う。

積極的支援
動機付け支援に加え、3カ月以上の支援を行い、同じく6カ月後に評価を行う。

こうした取り組みには、賛否両論、さまざまな考えがあります。たとえば、**政府に社会全体の合理性をとらえる力があるかという疑問**があります。また、メタボの基準が本当に適切かは、判断が難しいところです。ロビイストからの陳情、地元への配慮など、特定の利害関係者への配慮が促されてしまう恐れもあります。それでも、個々人がより良い健康、生活を考え直す機会となっていることは事実であり、大切なことです。

日本版ナッジユニット

また、環境省の主導により平成29年度に「低炭素型の行動変容を促す情報発信(ナッジ)による家庭等の自発的対策推進事業」(環境省ナッジ事業)が産学官の連携により発足しました。

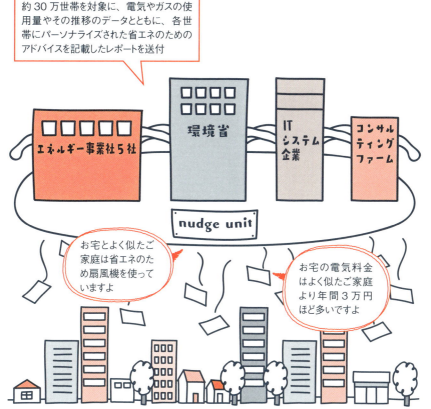

同計画はまだ実験段階だが、世界に類を見ない大規模なナッジの検証実験として注目を浴びています。なお、レポートを送付した後の2カ月間で、省エネ・省 CO_2 効果が確認されています。(環境省 HP より)

KEY WORD ☑ ナッジ理論④

使える範囲が広がる行動経済学
06 そのほかたくさんあるナッジの応用例

政策ばかりでなく、空港のトイレや納税キャンペーンなど、世界中のさまざまな現場でナッジ理論は応用されています。

ナッジの例を挙げるときりがありません。世界的に有名な成功例として、アムステルダムのスキポール空港の例があります。空港の男子トイレの小便器の内側には、小さなハエの絵が描かれています。その結果、絵がない状況に比べ、トイレの清掃費が8割も減少したのです。「人は的があると、そこに狙いを定める」という心理を利用して、周囲を汚すことなく用を足す環境を作り出したのです。当たり前ですが、トイレを使う人は、何ら強制はされていません。

スキポール空港の例

2010年には英国のデービッド・キャメロン首相（当時）が、ナッジ理論を用いた政策運営をはじめました。このプロジェクトにはセイラー教授も協力しました。よく知られているのが、税金を滞納している人に「あなたが住んでいる地域のほとんどの人が期限内に納税を済ませています」という文面の手紙を送ったことです。その結果、納税率が高まりました。米国では年金の加入制度を「自動加入で自由解約」とすることによって、加入者を増やすことができたなど、**ナッジの応用例は豊富にあります**。

英国でのナッジの実施例

税金の滞納者に、同じ地域に住む住民の納税率を記載して通知。

結果、納税率が上昇
（社会全体にとってより良い結果）

断熱設備の導入を促すため、実施家庭の屋根裏の掃除サービスをつけた。

結果、断熱設備の導入に補助金をつけるよりも効果アップ

左側通行の車道に慣れていない旅行者向けに、横断歩道の路面に右を見よと表示。

結果、旅行者による交通事故が減少

スーパーマーケットの砂糖入り飲料の棚に「HIGH SUGAR」と書かれたポップを設置。

結果、健康飲料を選ぶ客が増え、肥満抑制に一定の効果をあげた

KEY WORD ☑ ヒューリスティックの罠

使える範囲が広がる行動経済学
07

間違いは予測可能って本当？

「当たり前のことを、当たり前に言っている」のが行動経済学。ありのままの私たちの行動を研究することで、予測しうる間違いを回避できる。

行動経済学の理論を学ぶと、多くの学生の方が「当たり前のことを、当たり前に言っているに過ぎない気がする」という感想をよく口にします。まさにそうなのです。当たり前、ありのままの私たちの行動を、普遍化し、納得できるように理論化したことが行動経済学の良いところです。その考えを使うことによって、ナッジのように政策の効果を高めるだけでなく、よくある間違いなどを減らすことができるかもしれません。行動経済学の理論を知っているか、いないかは、人生を大きく変えることになるかもしれません。

行動経済学は人生を変える？

行動経済学を学んだ人と学んでいない人では、
どのような違いがあるのでしょうか？

知識があるかないかによって、人の意思決定は異なってきます。行動経済学の知識があれば、間違いや不合理な意思決定を回避できる可能性が高まります。

"ヒューリスティック＝物事をざっくりと掴むこと"、"とにかく損はしたくない＝損失回避（価値関数）"、"客観的に見た場合に発生する確率の低いケースを、過度に期待してしまう（決定の重みづけ）"のように、**私たちは一定のパターンに基づいて物事を認識し、意思決定を行います**。つまり、紹介してきた行動経済学の理論を日々の暮らしに当てはめて自分の行動を見つめ直すことで、よくある間違いやうっかりミスを防ぎ、より満足できる意思決定を行うことができるようになるでしょう。

日々の暮らしに当てはめて自分の行動を見直す

行動経済学の知識は生活のさまざまな部分で活用できます。

KEY WORD ☑ 政治と行動経済学①

使える範囲が広がる行動経済学 08
なぜ、政治は良くならないんだ！

政治は国民の総意によって形作られるものです。しかし、常に国民の総意が、一人ひとりの考えや思いに合致しているとは限りません。

各国でナッジの考えを取り入れた政策の運営が行われている一方、「そう簡単に政治は良くならない」という考えをお持ちの方も多いでしょう。近年、わが国だけでなく、米国、英国、欧州の主要な選挙を見ていると、「なんでこうなるの」と言いたくなるような結果が少なくありません。その結果、社会全体で先行きへの漠然とした不安は強くなっているように感じます。こうした状況を変えるために、子どもを持つ親に、子どもの分の投票権を持たせてはどうかなど、新しい取り組みを提唱する経済の専門家も増えています。

投票に影響を及ぼす心理的傾向

●世の中が安定しているときの心理的傾向
現状維持のバイアスに加え、損失を避けたいと思う心理（損失回避傾向）が、国民の意思決定に影響を与える可能性が高まる。

選挙の際、私たちの投票に影響を与えやすいのが**近視眼的に損失を回避しようとする心理**です。リーマンショック後の2009年、わが国では自民党から民主党（当時）へ政権交代が実現しました。このとき、「景気の低迷を防ぎきれなかった自民党政権ではジリ貧だ。それよりは新しい政党のほうがまし」だと、目先の苦境から逃れることを優先した人が多かったように思います。

●不況など世の中が不安定なとき

株価下落など経済環境の悪化を受けて、先行きへの不安心理が高まる。このままの政治では先行きが余計に悪くなるかもしれないという不安を有権者が持つ。その結果、損失回避から近視眼的な選択がなされることがある。2009年、わが国の政権交代はその一例といえる。

長期的かつ客観的に考える

選挙時、現与党と野党の政策が社会にどのような効果をもたらすか、確実に言い当てることはできません。大切なことは、どの政党、政治家の主張が、長期的に、社会にとってより良い結果（たとえば、財政の安定や、現役世代の負担軽減など）をもたらすかを客観的に考えることです。

KEY WORD ☑ 政治と行動経済学②

使える範囲が広がる行動経済学 09 より良い政策をめざそう

今後、行動経済学に基づいた柔軟な発想が、政策の現場で貢献できる領域は広がっていくでしょう。

わが国の政治は、何もないときは現状維持、困ったときは目先のマイナスの状況を回避してきたと言えます。その結果、環境の変化に応じて規制の緩和や、新しい取り組みを進める考えが社会全体に広がりづらかったように思います。これは、既得権益を守ることにつながった一因でしょう。この状況を変えるために、年齢別選挙区などさまざまな選挙制度の改革案などが出されています。同時に、政治家は自らの政治生命を守るために、選挙改革という社会にとって本来望まれる（合理的）な選択を避けようとすることも事実です。

従来の政策

●従来の政府による政策

「わが国はかくあるべき」との発想に基づき、どちらかといえば上から目線の発想で政策が進められてきました。私たちは常に政府と同じ考えを持っているわけではありません。政府が良い、合理的だと考える内容を、国民が常に受け入れるとは限らないのです。

168

これは、根本的かつ古典的な政治の問題です。この問題をどう解決するか、専門家の主張もさまざまです。ただ、一つ言えることは、ナッジの発想は問題の解決に役に立つだろうということです。ながい目で見れば、私たちはそれなりに合理的です。その傾向をもとに、**選択の自由を活かす**（選択肢を絞り、シンプルにする）ことができれば、人々の行動をより良い方向に導くことはできるのではないでしょうか。そうした議論がより活発に行われると良いと思います。

政策へのナッジ応用の可能性

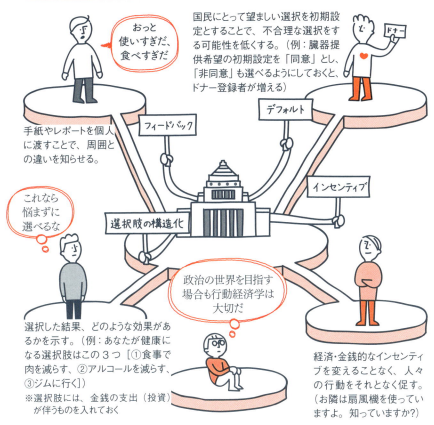

●ナッジの発想

ナッジの手法が有効と考えられる場合には、政府が国民の選択の自由を認め、より良い方向に誘導することで、国民はストレスなく合理的な選択を行うことができるようになるでしょう。そうした考えを政策に取り入れることによって、政府は国民の反発を回避し、より良い社会を目指す取り組みを進めることができるでしょう。

column

No. 07

行動経済学で
社会をより良くしよう

　現在、ナッジを中心に、行動経済学の理論を用いて政策を立案、運営しようとする試みが増えています。今までは政府が「歳出を減らすから、医療費などを負担しろ」と頭ごなしの発想で政策を運営してきましたが、それでは思うような効果があげられていないのが実態です。　日本の財政状況は、その良い例でしょう。この状況を説明するとき、わが国では有権者の多くが高齢者であり、その意見が政治に大きな影響を与えてしまうことがよく指摘されます。それは、ある意味正しい。しかし、その議論を続けても、おそらく大きく状況は変わらないでしょう。いずれ、人は老いるからです。

　つまり、政策の議論にも、新しい視点、新しい発想が必要です。伝統的な経済学で想定されてきたように、私たちは常に利己的とは言えません。周囲のために何かをすることに満足を覚える人は多くいます。そうした利他の心理に注目した政策を考え、議論を行う価値は大きいはずです。

chapter 8

行動経済学の
これからの展望

(行動経済学がどのような学問か、
おわかりいただけましたでしょうか？
みなさんの学習と実践によって、
行動経済学はまだまだ発展していきます。)

KEY WORD ☑ 実践の重要性

行動経済学の
これからの展望
01

私たちの"行動"が
さらなる研究を支える

行動経済学は"実践の学問"でもあります。行動経済学の理論は、大学の研究室の外でも、日々、発展し続けています。

今、このときも、行動経済学の理論は生み出されています。私たちがアニマル・スピリットや自己実現への欲求を持つ以上、それを取り込もうとする企業が新しい商品やサービスを提供し、社会が変化していくでしょう。それを考えることが、**行動経済学のさらなる発展**につながります。すでに、マーケティングや金融市場でのディーリングなどの職業分野では、消費者や投資家の心理に着目した戦略の策定が目指されています。

社会は変化していく

社会は変化します。それに従って、変化をより良く説明できる新しい理論=行動経済学へのニーズが高まってきています。

そうした実践が、さらなる理論の構築の材料になります。ロバート・シラー教授やリチャード・セイラー教授をはじめ、海外の行動経済学の研究者の多くは、自らコンサルティング企業や投資顧問会社のビジネスを行い、理論の実践と、実務で得られた経験を基にしたさらなる研究に取り組んでいます。わが国でも、アカデミズムと実務の連携が進み、実践と研究の相互作用が進むと、さらに面白い展開が期待できるかもしれません。

実践が発展をもたらす

●アカデミズムと実務界のコラボレーション、連携が必要。

海外では実践に基づいたさらなる研究が行われています。

金融の世界では行動ファイナンスを取り入れた投資戦略が広まっています。

企業は消費者の心理に着目した新たなマーケティングや販売戦略を実行。

KEY WORD ☑ 神経経済学

行動経済学の
これからの展望
02

心の働きを突き詰めると脳に行き着く

行動経済学とは別のアプローチで、心の働きを司る「脳」から経済を読み解こうとする「神経経済学」も研究が進んでいます。

「心はどこにありますか」と質問をされたと想像してください。みなさんはどう答えるでしょうか。大学の授業でこの質問をすると、多くの受講生が心臓のあたりと答えます。しかし、心の働きを司るのは"脳"です。脳がどのように働き、意思決定が行われているかを研究するのが"**神経経済学**（ニューロエコノミクス）"です。神経経済学は、大脳生理学で用いられる手法を使い、経済的な意思決定の際に、脳がどのように機能しているかを解明しようとする学問です。

心があるのは心臓ではなく「脳」

行動経済学では心理学を用いて人間の経済活動を分析してきました。また脳の働きに注目し、経済に関する意思決定の仕方を研究するのが神経経済学です。

考えることも感じることも、心臓ではなく、脳の働きなんだな

神経経済学では、脳の働きを調べるために機能的磁気共鳴画像装置（fMRI）などの医学で使われている機器が用いられています。そうした機器を使い、ヒトや動物の脳の活動に伴う血流の反応を見える化（視覚化）するのです。これによって、ドーパミン（神経伝達物質の一つ）などの分泌がどのように変化し、経済に関する意思決定がどう変化するかなどが研究されてきました。神経経済学は経済学というよりも、大脳生理学の一分野というべきとの指摘もあります。

神経経済学とは？

行動経済学は、心の働きに着目して私たちの意思決定を解明してきた。神経経済学では、心＝脳の働きに着目し、私たちが意思決定を行う際に脳がどのように働いているかを考える経済学の一分野です。

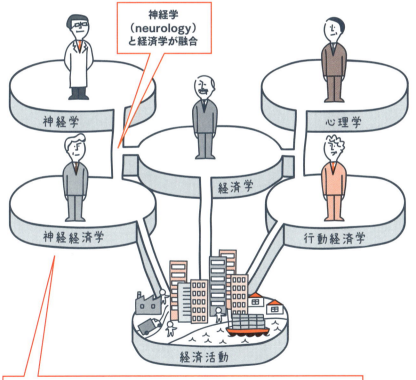

神経学（neurology）と経済学が融合

心の働きをfMRI（脳が機能しているときの活動部位の血流の変化などを画像化する装置）などの大脳生理学の研究に使われている専門的な機器を用いて、神経学の観点から経済に関する私たちの行動の背景、意思決定のあり方＝脳の働きを調べようとするのが神経経済学です

KEY WORD ☑ リバタリアン・パターナリズム

行動経済学の
これからの展望
03
豊富にあるナッジの機会
加速する政策への応用

ノーベル経済学賞でも話題となったナッジ理論を中心に、行動経済学の政策への応用も、今後ますます増え続けていくはずです。

人々に選択の自由を与えながら、強制せずに、それとなく肘でつつくようにして、より良い意思決定を促進しようとする"ナッジ"の考え方は、教育、医療、福祉などさまざまな分野での応用が期待されています。これは **"リバタリアン・パターナリズム"** の考えを取り入れた政策の立案と運営が目指されていることにほかなりません。リバタリアンは"自由"を重視する考え、パターナリズムとは"権力などを用いた介入"を重視する発想（父権主義）です。

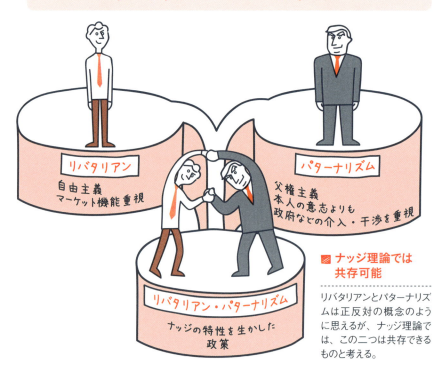

リバタリアン・パターナリズム

リバタリアン
自由主義
マーケット機能重視

パターナリズム
父権主義
本人の意志よりも
政府などの介入・干渉を重視

リバタリアン・パターナリズム
ナッジの特性を生かした
政策

■ ナッジ理論では共存可能

リバタリアンとパターナリズムは正反対の概念のように思えるが、ナッジ理論では、この二つは共存できるものと考える。

私たちは、コントロールへの欲求を持っています。そのため、「これをやれ」と"強制"されると、反発し、満足や納得がしづらくなります。健康維持のために、エスカレーターを使うなといわれると、「なぜだ！」と慣ってしまいます。一方、階段にピアノの鍵盤が描かれ、そこを踏むと音が出るとどうでしょう。エスカレーターよりも階段を使って、音遊びを楽しみたくなってしまいます。これはスウェーデンなどで進められているナッジの例です。

KEY WORD ☑ 利他性①

行動経済学の
これからの展望
04

常に"自己中"ではない
私たちの心理の可能性

私たちには確かに利己的な部分が少なからずあります。しかし、伝統的な経済学が仮定するような完全に利己的な存在ではありません。

伝統的な経済学では、私たちは合理的であるだけでなく"利己的"であるとの前提を置いてきました。しかし、ボランティア活動に取り組む人がいるように、私たちは常に利己的ではありません。就職の際、「他者や社会への貢献」を重視する学生も多くいます。これは"ほかの人のために役に立ちたい"という気持ちなど**"利他性"**が私たちに備わっていることを確認する良い例です。

人間は利己的な存在か？

英国の経済学者アルフレッド・マーシャルは、経済学者は冷静な頭脳と、温かい心（他者へのまなざし）が必要と説きました。インド出身で、ノーベル経済学賞を受賞した、アマルティア・センは"合理的経済人"を"合理的な愚か者"であると指摘しています。センは他者への共感、関係性、利他性を取り入れて経済を考えるべきであると指摘しています。利他性が経済活動にどう影響するかはさまざまな議論がありますが、注目を集めていることは確かです。

利他的な経済活動の例

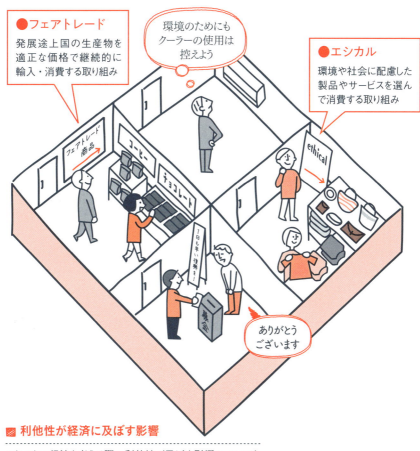

利他性が経済に及ぼす影響

これからの経済を考える際、利他性が及ぼす影響についても注目されつつある。上記のようなフェアトレード、エシカルといった試みも一般化しつつある。

KEY WORD ☑ 利他性②

行動経済学の
これからの展望
05

他者への思いやりが社会をよくする？

社会を見ると、人々は相互に助け合って暮らしています。政策の現場でも「利他性」を踏まえた政策への関心が高まっています。

伝統的な経済学で想定されているのは、『ゴルゴ13』の主人公のように、冷静かつ冷徹に自らの利益を追求する合理的な人間のイメージです。しかし、現実の社会では、ホモ・エコノミカスのような利己的なものではなく、他者への思いやり、利他性を踏まえた政策がすでに進められています。社会保障や税制は、所得の再分配の機能があります。つまり、富める人から、所得の少ない人へ、政府が所得を分配し直すことで、社会の厚生を高めようとする考えは、利己の考えとは異なります。

所得の再分配の仕組み

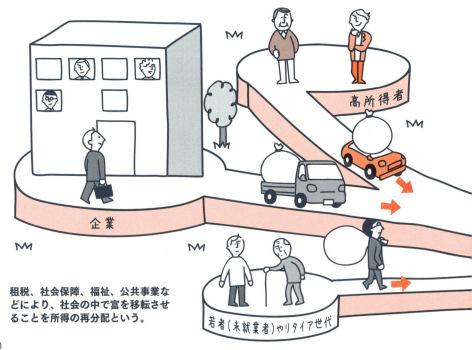

租税、社会保障、福祉、公共事業などにより、社会の中で富を移転させることを所得の再分配という。

所得の再分配が重視される理由は、社会全体での公平感を保つためです。もし、私たちが本当に利己的であれば、「他人のことは知らない。自らの満足を満たし、高めるために、富の独占を目指す」人が増えるでしょう。その社会は、ぎすぎすとした、居心地の悪いものになるはずです。この点で、私たちの利他性に着目し、それをうまく使うことによって、人々の暮らしを豊かにすることができると考えられています。

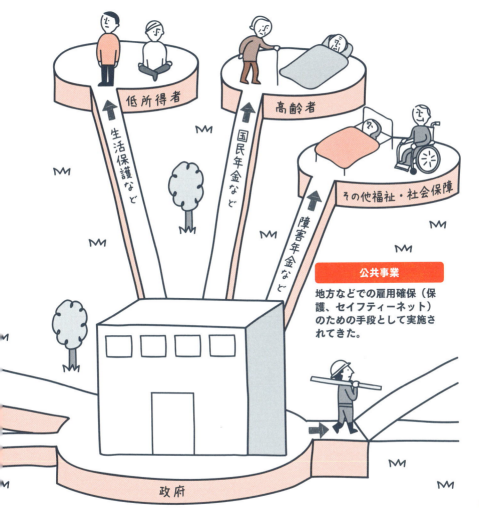

KEY WORD ☑ アニマル・スピリット

行動経済学のこれからの展望 06
"やる気"の追及——やる気があれば何でも可能

経済成長には"アニマル・スピリット"が不可欠。富や成功を追求する人の血気が、より大きな付加価値を生み出すのです。

突き詰めて考えると、経済の成長を支えているものは、私たちの欲望です。特に、利益や成功、名声などを追い求める"血気"や"野心"を意味する**"アニマル・スピリット"**は成長を支える重要な要素です。リーマンショック後の世界経済を振り返ると、アップルの生み出した"iPhone"のヒットは重要でした。iPhoneはスティーブ・ジョブズのシンプルかつ美しいデザイン、スマートな機能へのこだわりの結晶です。

アニマル・スピリットとは？

アニマル・スピリットとは、企業家が事業を興したり、投資を行ったりするときの理屈では説明できないほどの情熱、血気などのこと。

人は野心や血気から、しばしば予測不能で不合理な行動を行うことがある

アニマル・スピリットとは、もともとケインズが述べた言葉。企業家が持つ血気や野心がイノベーションの源泉であり、経済の発展に重要な役割を果たすと説いた。米国の経済学者ジョージ・アカロフとロバート・シラーが2009年に発表した共著『アニマルスピリット』も話題に。

ジョン・メイナード・ケインズ
（1883～1946）
20世紀前半を代表する英国の経済学者。経済学界にケインズ革命と呼ばれる変革をもたらした

iPhoneの登場は、さまざまなサービスなどの創造につながりました。SNS、動画の視聴サイトなど、従来にはない需要が生み出され、経済の成長につながりました。利益を追求する、自らのこだわりを実現する、動機はさまざまですが、アニマル・スピリットを持つ人が増えれば、さまざまなことへのチャレンジも増えるでしょう。それが、多くの人が欲しいと思ってしまう"ヒット商品"の創造に欠かせません。iPhoneのように、ヒット商品を生み出すことができれば、需要も高まるのです。

iPhoneの衝撃

KEY WORD ✓ **行動経済学の未来**

行動経済学の
これからの展望
07

今も進んでいる
行動経済学の研究

私たちがより充実した人生を歩むためにも、行動経済学はこれからますます発展し、人々から必要とされることでしょう。

行動経済学の発展を考えたとき、筆者は、政策との関係がより密接なものとなることを期待しています。わが国には、多くの問題があります。少子化、高齢化、財政の悪化、医療を中心とする社会保障の持続性への懸念など、枚挙にいとまがありません。いずれの問題も、今に始まったことではありません。にもかかわらず、なかなか改善が進まないのが現実です。この状況を変えていくために、行動経済学の研究が進むとよいと思います。

政策にも取り入れ、より良い社会に

ナッジなど行動経済学の理論を活かして、より満足を感じることのできる選択が可能となることが大切。

こうした問題を解決するために、「外圧が大切」「競争原理が大切」「歳出の削減が大切」「働き方改革を進める」といった主張がなされてきました。いずれも説得力はあります。ただ、どちらかというと"頭ごなし的＝パターナリズム"の発想が多いと思います。**一人でも多くの人が、抵抗感なく変化を受け入れ、より充実した人生を追求することを、政策の側面からどのように支えることができるか**、活発な議論が交わされることを期待します。

column

行動経済学は
人生を豊かにする

　今後、研究者（アカデミズム）はもとより、政府、企業など、さまざまな方面から、行動経済学への期待は高まると考えられます。なぜなら、伝統的な経済学の理論と比べた場合、行動経済学の考えを使って私たちの行動や、社会の変化を考えると「なるほどそうか」と納得できることが多いからです。今後も、当たり前のことを、現実に即して説明できる範囲が拡大していくでしょう。それは、私たち個人のくらし、社会の問題、その解決策を考えていくために、とても大切なことです。

　これから行動経済学が社会の改善、より良い環境に向けた変化を支えていく可能性は高まっていくでしょう。重要なことは、長い歴史を持ち、相応の説明力を果たしてきた伝統的な経済学の理論と、比較的新しい理論である行動経済学の両方を用いて、安定した経済の環境を実現することです。また、経済に関する研究を行う専門家には、ニーズに応じて異なる分野の理論を取り

No. 08

入れ、より説明力が高く、大勢の人が納得できるロジックを作ることが求められるでしょう。

行動経済学は、私たち一人ひとりの意思決定を説明する、生活の実感に即した理論だと思います。たとえば、四捨五入のように、私たちは複雑、あるいはたくさんの情報を"単純化"することで、判断を行っています。反対に、物事を直感的に、あるいは、ざっくりととらえる"ヒューリスティック"の働きがなければ、一つひとつの行動を決めることはできないでしょう。つまり、行動経済学を学ぶことは、自らの意思決定のあり方を、より深く考えることにほかなりません。

それは、うっかりミスをはじめ、意思決定がなぜ間違っていたかを考えることにつながります。"認知的不協和"という言葉通り、自分の失敗を受け入れることは大きなストレスをもたらします。それがわかるだけでも、なぜ、いつも都合がいいように言い訳を考えてしまうかを内省することができます。"失敗は成功のもと"と言います。それを実践することは、心の働きを理解し、それを基に自らの意思決定のプロセスを確認することと言えます。それができれば、より満足できる意思決定を行い、人生をより楽しみ、豊かにすることができるでしょう。

掲載用語索引

あ
アーヴィング・ジャニス ── 112
穴馬バイアス ── 108,109
アニマル・スピリット
　── 48,172,182,183
アノマリー ── 41,51,84,85
アマルティア・セン ── 179
アルフレッド・マーシャル ── 179
アンカーリング ── 70,71

い
一物一価の法則 ── 40,85
因果関係の過大評価 ── 118
インフォメーション・カスケード
　── 122

う
ウォーレン・バフェット ── 97

え
エイドリアン・ノース ── 147
エイブラハム・マズロー ── 48,49
エイモス・トベルスキー ── 18,20
エシカル ── 179
エドワード・チェンバリン ── 52

お
億り人 ── 96
音響の心理学 ── 146

か
仮想通貨 ── 96
価値関数 ── 19,88,89,126,165
カリギュラ効果 ── 150
感応度の逓減 ── 88

き
帰属モデル ── 117
帰属理論 ── 116,117
ギャンブラーの誤謬 ── 74,75,164
鏡映効果 ── 91

く
群集心理 ── 68,69,84,123,135

け
決定の重みづけ ── 94,95,108,165
権威への服従 ── 136
現状維持バイアス
　── 60,61,128,129,164,165,166,167

こ
公正価値 ── 78,85
行動経済学会 ── 23
行動ファイナンス
　── 27,50,51,84,85,172,173
心の慣性の法則 ── 127
コンコルド効果 ── 110
コントロールへの欲求 ── 72,177

さ
サンクコスト ── 35,110,111,144,145

し

実験経済学 ----- 52
集団思考の罠 ----- 112,113,165
情報の非対称性 ----- 42,43
情報の利用可能性 ----- 58,148
ジョージ・アカロフ ----- 182
初頭効果
62,63,64,65,66,100,101,102,103,164
所得の再分配 ----- 180,181
ジョン・メイナード・ケインズ ----- 182
親近効果 ----- 66,67
神経経済学 ----- 174,175
心理会計 ----- 120,121
心理勘定 ----- 120

す

スティーブ・ジョブズ ----- 182,183

せ

せっかち度 ----- 153
選択的認識 ----- 149
選択のパラドックス ----- 35,114

そ

双曲割引モデル ----- 152,153,154
損失回避 ----- 35,89,126,127,165,166

た

ダニエル・カーネマン ----- 18,20
ダン・アリエリー ----- 46,47
単純化 ----- 57,104,106,187

単純化のヒューリスティック
----- 56,57,164

ち

チューリップバブル ----- 97
超越的な自己実現欲求 ----- 49

て

デービッド・キャメロン ----- 163
伝統的ファイナンス ----- 51

な

ナッジ・ユニット ----- 161
ナッジ
20,21,26,151,156,157,158,159,160,
161,162,163,164,166,169,170,176,
177,184
生身の人間 ----- 16

に

ニューロエコノミクス ----- 174
人間の不合理性 ----- 36,38
認知心理学 ----- 13
認知的不協和 ----- 92,93,187
認知的利用可能性 ----- 58,59

の

ノーベル経済学賞
----- 20,21,22,52,176,179

は

ハーディング現象
----- 35,68,134,164,165

バーナード・ワイナー ……… 117

バーノン・スミス ……… 52

パターナリズム …… 158,168,176,185

バブル
27,50,51,78,79,80,81,82,83,84,85,
87,96,97,98,168

ハロー効果 ……… 138,139

バンドワゴン効果 ……… 132,133,134

ひ

ビットコイン ……… 96,97

ヒューリスティック
………… 54,55,56,65,165,187

ふ

フェアトレード ……… 179

フェアバリュー ……… 51,78,85

物理的利用可能性 ……… 58,149

プラセボ効果 ……… 47

フレーミング効果 …… 11,140,141,142

プロスペクト理論
………… 18,19,20,50,86,90,94

ほ

ホモ・エコノミカス
………… 32,33,34,178,180

保有効果 ……… 145

ま

埋没費用 ……… 111,144

マシュマロ実験 ……… 155

む

無料の威力 ……… 130

め

メンタル・アカウンティング ……… 120

よ

欲求5段階説 ……… 48,49

り

利他性 ……… 178,179,180,181

リチャード・セイラー
………… 20,21,156,163,173

リバタリアン ……… 158,176

リバタリアン・パターナリズム
………… 158,176

リファレンス・ポイント ……… 19,88

る

ルビンの壺 ……… 13

ろ

ロナルド・ミリマン ……… 146,147

ロバート・シラー
………… 20,21,23,173,182

わ

割引率 ……… 152,153,154

主要参考文献

最強のファイナンス理論 真壁昭夫 著（講談社）

実践！ 行動ファイナンス入門 真壁昭夫 著（アスキー・メディアワークス）

基礎から応用までまるわかり 行動経済学入門 真壁昭夫 著（ダイヤモンド社）

最新 行動経済学入門 真壁昭夫 著（朝日新聞出版）

セイラー教授の行動経済学入門 リチャード・セイラー 著 篠原勝 訳（ダイヤモンド社）

実践 行動経済学──健康、富、幸福への聡明な選択
リチャード・セイラー／キャス・サンスティーン 著 遠藤真美 訳（日経 BP 社）

ずる 嘘とごまかしの行動経済学 ダン・アリエリー 著 櫻井祐子 訳（早川書房）

予想どおりに不合理 行動経済学が明かす「あなたがそれを選ぶわけ」
ダン・アリエリー 著 熊谷淳子 訳（早川書房）

アリエリー教授の「行動経済学」入門
ダン・アリエリー 著 NHK 白熱教室制作チーム 訳（早川書房）

アリエリー教授の人生相談室 行動経済学で解決する 100 の不合理
ダン・アリエリー著 櫻井祐子 訳（早川書房）

ファスト＆スロー（上・下） ダニエル・カーネマン 著 村井章子 訳（早川書房）

Baba Shiv, Ziv Carmon, Dan Ariely (2005) **Placebo Effects of Marketing Actions: Consumers May Get What They Pay For** Journal of Marketing Research: November 2005, Vol. 42, No. 4, pp. 383-393.

Ronald E. Milliman（1986）**The Influence of Background Music on the Behavior of Restaurant Patrons** Journal of Consumer Research, Vol. 13, No. 2 (Sep., 1986), pp. 286-289

Edward H. Chamberlin（1948）**An Experimental Imperfect Market** The Journal of Political Economy, Vol. 56, No. 2. (Apr., 1948), pp. 95-108.

H. Kent Baker, John R. Nofsinger（2010）**Behavioral Finance: Investors, Corporations, and Markets (Robert W. Kolb Series)** Wiley

STAFF

執筆協力	竹内尚彦
編集	坂尾昌昭、小芝俊亮（株式会社 G.B.）、平谷悦郎
本文イラスト	小林由枝（熊アート）
カバーイラスト	ぷーたく
カバー・本文デザイン	別府拓（Q.design）
DTP	くぬぎ太郎、野口暁絵（TARO WORKS）

真壁昭夫 (まかべ あきお)

経済学者、法政大学大学院政策創造研究科教授。1953年、神奈川県生まれ。76年、一橋大学商学部卒業後、第一勧業銀行（現・みずほ銀行）に入行。83年、ロンドン大学経営学部大学院卒業後、メリルリンチ社ニューヨーク本社へ出向。みずほ総研主席研究員などを経て現職に至る。「行動経済学会」創設メンバー。『最強のファイナンス理論 心理学が解くマーケットの謎』（講談社現代新書）、『基礎から応用までまるわかり 行動経済学入門』（ダイヤモンド社）、『最新 行動経済学入門』（朝日新聞出版）ほか著書多数。

知識ゼロでも今すぐ使える！
行動経済学見るだけノート

| 2018年 8月30日 | 第1刷発行 |
| 2022年 2月23日 | 第7刷発行 |

著者　　　真壁昭夫

発行人　　蓮見清一
発行所　　株式会社 宝島社
　　　　　〒102-8388
　　　　　東京都千代田区一番町25番地
　　　　　電話　営業：03-3234-4621
　　　　　　　　編集：03-3239-0928
　　　　　https://tkj.jp

印刷・製本　サンケイ総合印刷株式会社

本書の無断転載・複製を禁じます。
乱丁・落丁本はお取り替えいたします。
©Akio Makabe 2018 Printed in Japan
ISBN978-4-8002-8671-0